明治大学社会科学研究所叢書

中国の一人娘は出産とどう向き合うのか

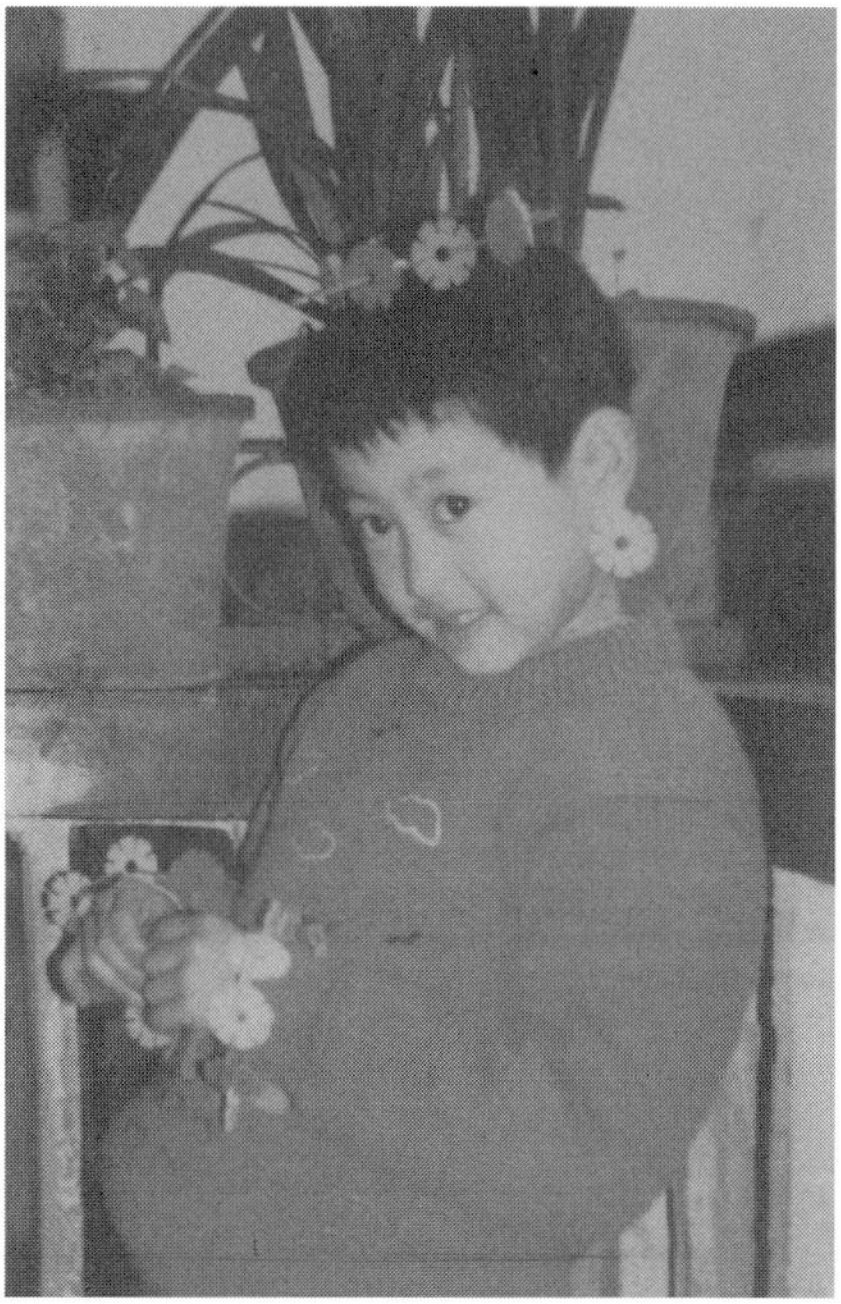

一人っ子政策／結婚／世代間交渉

施利平 Shi Liping

青弓社

中国の一人娘は出産とどう向き合うのか——一人っ子政策／結婚／世代間交渉

目次

第3章　紹興でのインタビュー調査　46

第4章　一人娘の婚姻形態と婚資のあり方　55

装丁――ナカグログラフ［黒瀬章夫］

序　章

日中両国の結婚・出産事情

はじめに

日本では晩婚、非婚化、さらには少子化が進んでいる。若者は結婚する意欲があるものの、結婚できずにいる。また、本当は子どもを平均的に二人、三人ほしいと思っているにもかかわらず、結婚していないために子どもをもてずにいる場合も多い。その一方で、結婚したカップルでも出産した子どもの数が二人を下回っていて、希望した人数の子どもをもてないでいる(1)。

日本でこのような晩婚、非婚化が進む理由として、まず経済的な理由が挙げられる。だがそれだけではなく、結婚や出産で生じた家事・育児の責任が女性に偏るため女性が就労と家庭を両立できないという事情や、配偶者を選択する際の支援システムが弱まったことも理由として挙げられている。さらに一九九〇年代以降に新自由主義の影響を受け、結婚があくまでも個人の自由意志に基づいた選択になり、結婚するのもしないのも個々人の自己責任になったことも晩婚、非婚化の理由の一つだろう。[2] 親とはいえ、子どもの結婚に影響を与えることは難しい。実際に七〇年代生まれの人々の八〇パーセントは結婚に結び付く出会いも結婚するか否かの決定も当人同士でおこなったと答えていて、結婚に親の影響があったのは二〇パーセント未満だという研究がある。[3] 見合い結婚や職場結婚という従来的な出会い方は衰退したが、それに代わる新たな出会いの経路はいまだ確立されていない。そのため多くの人は結婚願望をもっていたとしても、結婚相手を見つけられない状況に陥っているのである。[4]

他方、隣国である中国に目を向けてみると、いまだに結婚規範が強く、結婚は大人になるための通過儀礼であり、人間として果たすべき責任だと見なされている。[5] 陳衛と張鳳飛は二〇二〇年第七次全国人口センサスの一パーセントサンプルを用いて、一九九〇年から二〇二〇年までの初婚年齢と生涯未婚率を比較した。[6] その結果、中国ではこの三十年間男女とも初婚年齢は上昇しているが、生涯未婚率は大きな変化をみせず、いまだに皆婚社会が続いているという。具体的には平均初婚年齢は女性が二二・二歳（一九九〇年）から二八・〇歳（二〇二〇年）、男性が二三・六歳（一九九〇年）から二九・四歳（二〇二〇年）と大きく上昇している。他方で生涯未婚率は女性が〇・二パーセント（一九九〇年）から〇・四パーセント（二〇二〇年）、男性が二・二パーセント（一九九〇年）から三・一パーセント（二〇二〇年）とわずかに上昇しているだけで、現在でも皆婚社会であることがわかる（それに比して日本では、二〇二〇年の生涯未婚率は女性が一七・八パーセント、男性が二八・三パーセントである）。

皆婚社会が続く理由には、中国では結婚規範の強さとともに配偶者選択の支援システムが機能していることが考えられるだろう。結婚して子どもをもつことは親孝行であり、反対に未婚で子どもをもたないことは最大の親不孝だ（「不孝有三、無後為大」）と見なされている。そのため二十七歳を超えた独身女性は社会から「剰女」（結婚市場で売れ残った女性）とラベリングされ、半人前で親不孝者だと言われ、偏見と差別にさらされる。(7) また、子どもを結婚させて子孫を残すことは親の責任だと考えている親世代は、あの手この手を使って子どもに結婚を促す（促婚）。(8) 例えば公園に集まり、子どものプロフィルを交換し合い、子どもの代わりに婚活に精を出している親（父母相親団）や、マッチングアプリに子どもの情報をせっせと登録し、子どもの代わりに結婚相手の候補を見つけだそうとする親がいる。また親はそれだけにとどまらず、子どもの結婚相手の候補の経済条件や家庭状況をじっくりと吟味し、子世代の配偶者選択に積極的に関与している。(9) 伊達平和によれば、中国女性の結婚は日本女性に比べると親からの干渉が強く、結婚が個々人の問題よりは家族全体の問題になっている。(10)

また日本で少子化が進行する理由として、経済的要因とともに、家事・育児の責任が女性に偏り女性にとっては家庭と就労の両立が難しいことや、育児の公的サポートが不足していることが挙げられる。それに対して、中国では膨大な人口を統制するために、一九七九年から二〇一五年まで三十五年間にもわたり一人っ子政策が実施され、一組の夫婦が出産可能な子どもの数を都市部では一人、農村部では一・五人に制限してきた。(11) その後、労働力不足や扶養・介護が必要な高齢者の増加などを理由に一六年から二人っ子政策に、さらに二二年から三人っ子政策に人口政策を転換させ、政府は出生数の増加を図った。

しかし出産可能な子どもの数が一人から二人、三人に増えたにもかかわらず、年間出生数は中国政府が予想したようには増加していない。第二子の出産が可能になった二〇一六年には出生数は一旦増加の傾向をみせていたものの、その後一貫して減少傾向にある。具体的には一五年の出生数は千六百五十五万人であり、一六年には千七百八十六万人にまで増加したが、一七年は千七百二十三万人、一八年は千五百二十三万人、一九年は千四百六十五万人、二〇年は千二百万人、さらに二一年は千六十二万人と減少の一途をたどっている。出生数が減少した理由には、日本と共通するものが多い。例えば、養育・教育の経済的負担の重さ、育児負担の女性への偏り、さらに育児の公的サポートの不足が挙げられる。他方、日本ではあまりみられないような現象も起こっている。その一つは親世代からの出産要請（促産）である。

促産とは、これまで一人の子どもの出産しか許されてこなかった一人っ子の親世代が、一人っ子政策が変わったことを機に、息子夫婦または娘夫婦に第二子や第三子の出産を要請する行為のことである。

つまり二〇一六年以降の人口政策の転換を受けて、一組の夫婦で出産可能な子どもの数が変化したことに伴い、第二子や第三子の出産をめぐる世代間の交渉が繰り広げられるようになってきたのである。このような親世代の出産要請を受けて、それを受容する子世代もいる一方で、拒否する子世代もいるため、世代間の対立や葛藤が生じていて、多くの注目を集めている[12]。

先述したとおり、日本では子世代の結婚と出産はあくまでも当事者の選択であり、とりわけ子世代の出産に対して親世代が口を出すことはごくまれだろう。ではなぜ中国の一人っ子世代の親たちは、子どもの出産に口を出し、第二子や第三子の出産まで要請するのだろうか。親世代が子世代に出産を要請する際に、息子夫婦と娘夫婦で差異はみられるのだろうか。さらに、両家またはどちらかの親世代から出産を要請された場合、子世代はどのような反応をするのだろうか。日本の若い世代と同様に、養育・教育の経済的負担、家庭と就労の両立に困難を抱えている一人っ子世代は、親世代からの出産要請をどのように受け止め、どのような理由で出産する（または出産しない）という選択をするのだろうか。

本書では、一人っ子政策下で誕生した男兄弟がいない一人娘の結婚と出産に焦点を当てる。一人っ子世代の一人娘は家庭での唯一の子どもとして、親から惜しみない愛情や息子と同等の、またはそれ以上の教育投資を受け、経済的に自立することが期待される[13]。また、家庭内では従来の中国女性と異なった役割が期待されている。これまでの父系社会では息子と娘は異なった役割が付与されていて、息子は親の財産を相続するかわりに、老親扶養、血統継続、そして祖先祭祀という役割を果たす義務があった。それに対して娘は、親の財産を相続する権利がないため、成人すると婚出して、夫方同居をしながら義父母に仕え、婚家のために男子後継者を出産し、祖先祭祀をおこなうことが期待されていた[14]。しかし、一人っ子世代の一人娘は男兄弟がいないため、親の愛情と物的投資のすべてを享受することができる一方、かつて男兄弟が担ってきた老親扶養や血統継続と祖先祭祀の役割も期待されるようになった。つまり彼女たちは娘でありながら、息子としての役割を期待されて養育されているのである[15]。

娘でありながら息子役割も期待されるため、一人娘が成人して結婚や出産をする際に、これまで体験したことがない現実に直面することが推察される。というのも、彼女たちは、一方では従来どおりに婚家で嫁役割（本書では既婚女性が課せられる婚家のための男子後継者の出産、老親扶養と祖先祭祀という役割を嫁役割と呼ぶ）を果たしながら、他方では新たに生家で息子役割（または跡取り娘役割）[16]——生家のための後継者の出産や老親扶養と祖先祭祀——を果たす、という二重の役割が期待されるためである。これは一人娘にとってはこれまで体験したことがない役割であり、また一人娘の夫にとってもかつてない役割である。さらに、これは両家の親たちにとっても、従来の婚家と生家との関係とは異なった関係を築く必要性が生じてくる。

換言すれば、従来女性は成人すると、婚出して夫方同居し、婚家のための男子後継者の出産、老親扶養と祖先祭祀が期待されてきた（ごく一部の女性は跡取り娘として婿入り婚をして、生家の後継者の出産、老親扶養と祖先祭祀をおこなうことが期待されてきた）。しかし一人っ子世代の女性は従来の嫁役割とともに、生家では新たに跡取り娘としての役割が期待される。このことは、彼女たちの結婚や出産に一体どのような影響を与えるのだろうか。彼女たちの結婚や出産は、従来と比較してどのような特徴をもつのだろうか。これらの問いは女性自身の役割にとどまらず、両家の老親扶養、さらに血統継続と祖先祭祀にも関わる重要な事柄である。したがって、一人娘の結婚や出産をめぐって、両家の間で、そして親世代と子世代の間で、対立や論争も多い[17]。しかし、一人娘の結婚と出産に関する実証研究は、一人っ子世代が成人し、結婚や出産を体験する年齢に達するまで待つ必要があったため、これまで十分に蓄積されてこなかった。

本書では、中国都市部の一人っ子政策のもとで生まれ成人した一人娘の結婚と出産に焦点を当てる。四十人の一人娘の語りを通して、一人娘の結婚と出産がどのようにおこなわれているのかを検証する。それらは、いまでも父系親族規範のもと、夫方同居の父系継承という形態でおこなわれているのだろうか。また、親世代が子世代の結婚と出産に何を期待してどのように関わるのか、子世代は親世代の期待にどのように反応するのか。一人娘の生家と婚家の間でおこなわれる交渉と、親世代と子世代の間でおこなわれる交渉を詳しく取り上げる。

本書の構成

本書の構成は以下のとおりである。序章から終章まで全九章で構成する。第3章から第7章までは、中国浙江省紹興市での実証研究である。以下、それぞれの章の概要を解説する。

序章「日中両国の結婚・出産事情」は、晩婚や非婚化、少子化が進んでいる日本では結婚と出産は個々人または夫婦の選択になっているのに対して、中国では結婚も出産も当事者だけではなく、親世代が大きく関わっていることを述べる。一人っ子政策のもとで誕生した一人っ子世代の一人娘には男兄弟がいないため、彼女らは従来の嫁役割とともに、生家の跡取り娘という役割が期待される。そのため序章では、一人娘の結婚と出産は従来とは異なった特徴をもつ可能性があることを示す。

第1章「一人っ子政策が中国社会にもたらす影響」では、一人っ子政策が中国社会に、とりわけ中国の家族と親族にもたらした影響を整理して、次章以降の分析のための枠組みを提示する。具体的には、一人っ子政策はマクロレベルでは労働力不足と高齢化、男女性比（女児を一〇〇にした場合の男児の出生率）の不均衡などの問題を引き起こし、またミクロレベルでは家族の形式（規模と形態）から内実（関係や機能）までを変え始めていることを概観する。

とりわけ一人っ子世代の誕生と一人娘家庭の大量出現は、父系親族規範のなかでの女児の中絶や遺棄などという負の側面とは真逆の現象もみられる。例えば一人娘家庭では、息子がいないため、これまで息子に対して優先的に与えてきた教育投資と愛情を、唯一の子どもである一人娘に集中して与えるようになった。その結果、女性の教育水準と所得水準が上昇して、女性の社会的地位が向上し、それにともなって親から娘への期待も高まる。なかには、親世代が一人娘に対して娘役割とともに息子役割も期待するようになる事例も増えている。これは娘の役割、すなわち既婚女性の家族内の役割が根底から変わることを意味する。これまでの女性は婚出した場合は嫁役割を、婿入り婚をした場合は跡取り娘役割のいずれかを果たすだけでよかったが、今日の一人娘は嫁役割と跡取り娘役割の双方が求められるようになっているのである。

第2章「二十世紀初期から改革開放までの紹興での婚姻と親族規範」では、一九二四年に出版された魯迅の『祝福』[18]という短篇小説と八〇年から八一年に紹興で調査を実施したマージャレイ・ウルフによる調査[19]を通して、二十世紀初期から改革開放を開始するまでの紹興の婚姻と親族規範を概観する。当該地域では、一貫して結婚を成立させるために夫方から妻方に高額な結納金を支払っていたこと、女性は婚出して夫方で居住するという夫方同居規範が存在していたこと、さらに婚後は婚家のために男児を出産しなければならなかったことを指摘する。また当該地域の基本的な婚姻形態は嫁入り婚であり、父系継承の夫方同居規範が存在していたことを明らかにする。さらに二〇年代に存在していた嫁入り婚で、父系継承の夫方居住規範は八〇年代初期にも続いていたことを確認する。

第3章「紹興でのインタビュー調査」では、本書で用いる調査方法、調査地域、調査内容と調査対象者を記述する。調査方法は機縁法によるものであり、前後三回の本調査と二回の追跡調査を実施した。またインタビュー調査は、対面とビデオ通話の両方で実施した。

調査地域の浙江省紹興市は中国沿海部のなかでも豊かな地域であり、多くの流動人口を受け入れている。紹興市では一人っ子政策が導入されるまで男児選好志向が確認できるが、一九九〇年代以降は均衡がとれた性比に徐々に近づいてきている。調査内容は対象者の婚姻、出産と世代間関係に関するものである。調査対象者は紹興市在住の一人っ子の女性（一九七九年以降生まれの既婚者で、子どもを一人以上もつ者）、合計四十人である。彼女たちは学歴が高く、職業は公務員／準公務員が多く、世帯年収が高いという特徴をもつ。

第4章「一人娘の婚姻形態と婚資のあり方」は、一人娘の婚姻形態と婚資のあり方を取り上げる。一人娘の婚資（結納金、持参金、結婚費用）と結婚用住宅の準備、婚後の居住形態に焦点を当てて、夫方親と妻方親のそれぞれの関わり方の詳細を明らかにしたうえで、婚資と後継者獲得戦略との関連を分析する。

具体的に都市部の一人っ子世代の婚資に関しては、夫方親と妻方親が異なった役割を分担していることを指摘する。夫方が結婚用の住宅を提供して結婚費用を多く受け持っているのに対して、妻方が住宅の内装や生活に必要な電化製品、乗用車などを提供することで、子ども夫婦の新生活がスタートできるようにそれぞれ貢献している。夫方が住居を提供し、さらに婚後に夫方居住／夫方準同居の形態をとっていることが多いため、都市部の一人っ子世代の結婚は基本的に「夫方居住の嫁入り婚」が維持されていると考えられる。また、生まれてくる子どもは夫方に帰属し、とりわけ第一子と男児は夫方に優先的に帰属するという原則が維持されているが、第二子を妻方の後継者にするという折衷案もみられる。さらに、夫方親と妻方親がそれぞれ後継者を獲得するために、夫方は住宅を提供して結婚費用を多く負担することによって、後継者の獲得と妻方に対する優位性を維持する戦略をとる。それに対して妻方が高額な持参金を用意することで後継者を獲得しようとするが、同時にそれは夫方の利益を優先することを前提にしていることを確認する。

第5章「妻方親からの後継者要請をめぐる世代間の交渉」では、妻方親からの後継者要請に焦点を当てる。妻方親が後継者を要請する場合、夫方親と妻方親との間で、そして親世代と子世代の間で、どのような交渉がおこなわれるのかを分析する。

第5章では、生まれた子どもが夫方に帰属するという夫方の既得権が基本的に保証されているものの、妻方から交渉を持ち込まれた際には、第二子を妻方の後継者にすることに夫方が妥協し、譲歩している事例を提示する。また婚家と生家の両家に出産を求められ、嫁役割と跡取り娘役割を調整しなければならない女性対象者の考え方を分析することで、多くの女性対象者が婚家のために後継者をもうけるという嫁役割を優先していることを指摘する。

第6章「両家からの第二子出産要請をめぐる世代間の交渉」では、一人っ子世代の第二子の出産をめぐる世代間の交渉に焦点を当て、親世代はどのような理由で子世代に第二子の出産を要請するのか、夫方親の要請と妻方親の要請に違いがみられるのか、さらに夫方親と妻方親の要請に対して、一人っ子世代はそれぞれどのように反応するのかを取り上げる。

分析を通して、夫方親は家系の後継者、とりわけ男子後継者の出産を要請し、子どもを家系の後継者として見なす傾向があるのに対して、妻方親は後継者の出産を要請するものの、男子後継者へのの強いこだわりをもっていないことを指摘する。実際、親世代の出産要請に対して、一人娘の女性対象者は婚家のために男子後継者を出産することを自身の役割として捉えているが、生家のために後継者を出産すること、つまり跡取り娘役割を必ずしもそのように受け止めてはいない。つまり、跡取り娘役割より嫁役割を優先していることがうかがえる。また、女性対象者の夫は子どもが当然夫方に帰属すると捉えていることが多く、そのため女性対象者が夫との対立を避けるため、妻方親の要請を拒否することがある。だが、場合によっては夫婦の間、あるいは両家の親との間で、第二子の出生や姓をめぐって対立が生じる恐れがあることを提示する。

第7章「子どもという存在」では、親世代と一人っ子世代のそれぞれの子ども観を、子どもの価値とコストという観点から検討する。第7章の考察を通して、今日の中国都市部でも、子どもは老親扶養の担い手という実用的価値と情緒的な関わりをもつ対象という情緒的価値に加えて、家系の後継者という文化的価値をもっていることを指摘する。親世代は子どものこれらの価値を高く評価し、子世代に第二子の出産を要請する。それに対して一人っ子世代は、親世代の子ども観を内面化し、子どもの実用的価値と情緒的価値を認めてはいるものの、家系の後継者としての文化的価値に対しては、嫁役割を優先して夫方の後継者だけを出産する者と、妻方の後継者の出産も許容する者に分かれる。また一人娘の夫は子どもを夫方の子孫として捉える傾向にあるが、なかには妻方の後継者要請に配慮する者も存在する。

他方、子どもを育てるコストに関しては、一人っ子の親世代は主に身体的負担と経済的負担を挙げるのに対して、一人っ子世代はそれ以外に子育てと仕事や自身のライフスタイルとの両立の難しさを挙げている。とりわけ子どもに寄り添い、教育する母役割が大きく期待される女性対象者は、第二子の出産を躊躇している様子もうかがえる。

終章「一人娘の結婚と出産の特徴」では、ここまでの分析結果を整理したうえで、本書の結論を提示する。一人っ子世代が誕生し一人娘家庭が大量に出現することで、一人娘を介して後継者を獲得するという一人娘家庭のニーズが高まった。一人娘をもつ親から、夫方との間で婚前協定を結ぶか、あるいは婚後に娘夫婦に後継者出産を要請するケースが確認できる。このことは、従来の夫方同居の父系継承の嫁入り婚で担保されていた子どもの帰属をめぐって、夫方と妻方との間で再調整を求める。また、出産する女性にも嫁役割と跡取り娘役割との調整や、親世代の出産要請と女性対象者本人の希望との間の調整も必要になる。

本書では、妻方には夫方に対して後継者をめぐる交渉の機会が生まれていると同時に、一人娘には親世代からの出産要請に対する交渉の余地が生まれていることを明らかにする。ただし妻方が後継者の出産を要請することができたとしても、あくまでも夫方の利益が優先され、夫方の後継者獲得、とりわけ男子後継者獲得が最優先されているのが現状だ。すなわち、後継者獲得に関しては妻方が夫方に対して劣位にあるということである。また、一人娘は婚家の後継者を出産する嫁役割を受け入れてはいるものの、生家のため後継者を出産する跡取り娘役割を必ずしも引き受けるわけではない。このように一人娘自身のジェンダー規範もさることながら、夫の態度、義親の態度、さらに地域での規範意識にも一人娘は大きく影響を受けていることを明らかにしていく。

注

（1）稲葉昭英「家族と少子化」、日本社会学会編「社会学評論」第五十六巻第一号、日本社会学会、二〇〇五年

（2）加藤彰彦「未婚化を推し進めてきた2つの力――経済成長の低下と個人主義のイデオロギー」、国立社会保障・人口問題研究所編「人口問題研究」第六十七巻第二号、国立社会保障・人口問題研究所、二〇一一年

（3）筒井淳也『結婚と家族のこれから――共働き社会の限界』（光文社新書）、光文社、二〇一六年

（4）平井晶子「歴史と比較から読み解く日本の結婚」、比較家族史学会監修、平井晶子／床谷文雄／山田昌弘編著『出会いと結婚』（「家族研究の最前線」第二巻）所収、日本経済評論社、二〇一七年

（5）Engebretsen, E. L., "Under Pressure: Lesbian-Gay Contract Marriages and Their Patriarchal Bargains," in Goncalo Santos and Stevan Harrell eds., *Transforming Patriarchy: Chinese Families in the Twenty-First Century*, University of Washington Press, 2016.

（6）陳衛／張鳳飛「中国人口的初婚推遲趨勢与特性」「人口研究」第四十六巻第四期、中国人民大学、

二〇二二年、一四―二六ページ
(7)王陽／馬小雷「催婚――現代社会家庭再生産的困境及其代際衝突：基于一位待婚女青年的生命歴程研究」「華東理工大学学報（社会科学版）」二〇一九年第四期、華東理工大学、二六―三四ページ
(8)Lai, R. Y. S. and Choi, S. Y. P., "Premarital Sexuality, Abortion, and Intergenerational Dynamics in China," *Modern China*, 47(3), 2019, Zhang, J. and Sun, P. D., "When are You Going to Get Married?: Parental Matchmaking and Middle-Class Women in Contemporary Urban China," in Davis, Deborah S. and Friedman, S. L. eds., *Wives, Husbands, and Lovers: Marriage and Sexuality in Hong Kong, Taiwan, and Urban China*, Stanford University Press, 2014.
(9)陳予茜「中国の一人っ子女性の結婚をめぐる母娘の役割分担――浙江省紹興市の事例研究から」、日中社会学会編「日中社会学研究」第二十九号、日中社会学会、二〇二二年
(10)伊達平和「アジア七地域における「出会いと結婚」の諸相」、前掲『出会いと結婚』所収、一二一―一三七ページ
(11)一人っ子政策は都市部では厳格に実施されたが、農村部では息子を獲得したいと願う農民から強い抵抗を受け、次第に修正されていった。具体的には、一九八〇年代半ばから第一子が息子ならば一人だけ、第一子が娘なら、間隔を置けばもう一人の出産を認めるという方針に修正された。小浜正子『一人っ子政策と中国社会』京都大学学術出版会、二〇二〇年
(12)黄英「当代城市青年夫婦生育意愿与生育行為探析――基于安徽省芜湖市四个社区的実地調研」「重慶工商大学学報（社会科学版）」第三十三巻第三期、重慶工商大学、二〇一六年、九九―一〇五ページ、曹麗娟「〝80後〟婚姻中的姓氏之争」「当代青年研究」総第三百二十四期第三期、上海社会科学院社会学研究所、二〇一三年、四八―五五ページ

(13) Xu, Qiong and Yeung, Wei-jun Jean, "Hoping for a Phoenix: Shanghai Fathers and Their Daughters," *Journal of Family Issues*, 34(2), 2013, Fong, Vanessa L., *Only Hope: Coming of Age Under China's One-Child Policy*, Stanford University Press, 2004.

(14) 費孝通『生育制度——中国の家族と社会』横山廣子訳、東京大学出版会、一九八五年

(15) Fong, *op. cit.*、沈奕斐『个体家庭 iFamily——中国城市现代化过程中的個体、家庭与国家』上海三聯書店、二〇一三年

(16) 本書では、生家のための後継者の出産や老親扶養と祖先祭祀を担う役割を「息子役割」または「跡取り娘役割」と称し、両者を同義の言葉として用いる。

(17) 前掲「当代城市青年夫婦生育意愿与生育行為探析」九九—一〇五ページ、前掲「〝80後〟婚姻中的姓氏之争」四八—五五ページ

(18) 魯迅「祝福」『魯迅文集 第一巻』竹内好訳、筑摩書房、一九七六年、二〇三—二一七ページ

(19) Wolf, Margery, *Revolution Postponed: Women in Contemporary China*, Stanford University Press, 1985.

第1章　一人っ子政策が中国社会にもたらす影響

はじめに

　中国で一人っ子政策は、一九七九年から二〇一五年まで三十五年間にわたり実施されてきた。その間に、一人っ子の人口は〇七年末に一億五千万人[1]を超え、一〇年には一億六千四百万人[2]を突破し、いわゆる一人っ子世代が誕生した。そして、一人っ子政策が特に厳格に実施されてきた都市部では、息子がいない一人娘だけの家庭が多く出現した。

　このような長期間にわたる未曾有で大規模な人口統制は、中国社会にどのような影響を与えたのだろうか。実際に一人っ子世代の誕生と一人娘家庭の大量出現は、中国社会全体に、または家族形成や家族関係にどのような影響を与えてきたのだろうか。そして父系親族規範のもとで生きてきた中国の人々は、自らの生を全うし、次世代や父系一族の再生産を図るために、どのような戦略を用いてこの一人っ子政策に対処してきたのだろうか。

本章では一人っ子政策が中国の社会に、とりわけ中国の家族と親族にもたらした影響を整理し、次章以降の分析のための枠組みを提示する。

1　一人っ子政策が中国の人口構造と家族にもたらす影響

一人っ子政策は、マクロレベルとミクロレベルの双方で中国社会に多大な影響を与えてきた。マクロレベルでは、一人っ子政策は労働力不足と高齢化、男女性比の不均衡などの問題を引き起こしたと見なされている[3]。出産できる子どもの数が制限されて生産労働人口が減少することで、中国社会は人口ボーナスの時代から人口オーナスの時代に転換しはじめていると指摘されている[4]。また、生まれてくる子どもの数が少ないうえに、生活水準や医療技術が向上して人々の平均寿命が延びたため、高齢者が総人口に占める比重が大きくなっている。さらに、一人っ子政策が実施され、出産可能な子どもの数が制限されると、父系親族規範を内面化した人々が男子後継者を希求するあまり、女児の中絶や遺棄が多く発生し[5]、男女の性比が不均衡な状態に陥っている。

二〇〇〇年に実施した中国第五回人口センサスによると、新生児の性比は一一九・九に達していて、正常な水準（一〇二―一〇七）を大きく上回っている。これは女児の中絶や遺棄という重大な人権の侵害、そして女性の社会的地位の低下につながった。また男女性比が不均衡であるため、男性人口が女性人口を上回り、その後の男性の結婚難をもたらした。一五年から四五年の間に男性人口過剰は一五パーセント以上になると予想され、毎年約百二十万人の男性が結婚市場で配偶者を見つけにくくなると言われている。[6] 結婚できない男性が社会に大量に存在することは、家族の再生産を不可能にし、未婚男性の老後の扶養・介護の担い手の不在を引き起こす。さらに未婚男性が大量に存在することは、社会秩序の乱れや犯罪の増加を招きかねないとも指摘されている。[7] このように、性比の不均衡が中国社会全体に負の影響を与えていることは明白である。

またミクロレベルでは、一人っ子政策は家族の形式（規模と形態）から内実（関係や機能）まで変容させたと先行研究で指摘されてきた。例えば一組の夫婦がもてる子どもの数は一人、あるいはせいぜい二人に限定されるため、家族の規模が縮小し、家族の形態に関しても四人の祖父母、二人の親と一人の子どもによって構成される「四二一」家族が多く出現した。[8] 一家庭に子どもが一人か二人しかいないことで、家族での子どもの価値は上昇し、家族の中心が祖先や年長者からいちばん下の世代にシフトする。家族の資源と愛情がいちばん下の世代の子どもに集中し、家族の中心が子どもになることは、従来の祖先や年長者が家族の中心だった家族主義とは異なるため、先行研究ではこの新たな家族主義を「逆転した家族主義[9]」とも表現している。また、高齢者の扶養・介護モデルの再検討も求められている。家庭内養老が主である中国では、高齢者の扶養と介護を家族・親族にいまだに大きく頼っているため、子どもの数の減少は家族・親族の扶養と介護の担い手の減少、つまり扶養・介護機能の弱まりを意味する。実際に、一人っ子世代の夫婦にとっては今後どのように両家の四人の老親を扶養・介護するかが大きな注目事項だ。

他方、一人っ子政策のもとでの一人っ子世代の誕生と一人娘家庭の大量出現には、それとは正反対の正の側面もみられる。つまり、家庭で運よく生を受けた娘の価値や地位が上昇したのである。これは、従来の家族制度や親族制度に変化をもたらすとも指摘されてきた。[10]なぜなら一人娘家庭では、息子がいないため、これまで息子に対して優先的に与えてきた愛情と教育投資が唯一の子どもである一人娘に集中するようになったからである。その結果、女性の教育水準と所得水準が上昇して、女性の社会的地位の向上に貢献することになる。[11]一人娘の所得水準や社会的地位の上昇によって、親から娘への期待――老後の扶養や介護への期待――が高まる。また、息子がいない一人娘の家庭では、親世代が一人娘に娘役割とともに息子役割も期待するようになる事例も増えている。換言すれば、これまで息子に求めていた家系の後継者としての役割――血統継続、老親扶養と祖先祭祀――を一人娘に期待するということである。これは娘の役割、すなわち既婚女性の家族内の役割が根底から変わることを意味する。要するに、これまでの女性は婚出した場合は嫁役割、婿入り婚をした場合は跡取り娘役割のいずれかを果たすだけでよかったが、今日の一人娘は嫁役割と跡取り娘役割の双方が求められるようになっているのである。

したがって、一人娘家庭の大量出現は財産相続や老親扶養での娘の重要度の高まりを意味し、[12]父系的な親族関係の変容をもたらすだけではなく、父系親族規範そのものの弱まりや崩壊を招くと先[13]行研究では指摘されてきた。この点について、ここまでの議論をもう少し整理しながら、確認しておきたい。

2　一人っ子政策がどのように中国の父系親族規範を変えたのか

伝統的な中国社会（本書では主として漢人社会を指す）は父系親族規範をもつ社会であり、夫方居住、父系継承と男性家長への従属が特徴である[14]。父系夫方居住の嫁入り婚が一般的におこなわれている中国で、女性にとって結婚は、生活空間が生家から婚家へ移動することだけにとどまらない。空間の移動とともに、実父による管理が義父母による管理へと移行し、所属が生家から婚家へ、アイデンティティーが娘から嫁へと変化することを意味する[15]。嫁入りした女性は婚家の後継者を出産し、義父母に仕え、婚家の祖先祭祀をおこなうことが期待される。とりわけ婚家のために男子後継者を出産することは、婚家での嫁としての地位を左右する重要な要素であり、女性の最も優先すべき仕事だと先行研究では指摘されてきた[16]。

ところが父系親族規範のもとで実践されてきた父系継承による（男子）後継者の獲得原則が、一人っ子世代の誕生と一人娘家庭の大量出現によって、いまや変更・再構築を迫られている。なぜなら、それは一人娘家庭の後継者獲得のニーズと対立するからである。一人娘として親からの愛情と資源を独占的に受け取ることができた彼女らは、同時にかつては息子に託されていた家系の後継者としての役割、つまり子孫をもうけ血統を残すこと、老親扶養と祖先祭祀をおこなうことも実親から期待される。[17] しかし一人っ子世代では、各家庭の子どもが一人だけ、農村部でさえせいぜい二、三人なので、かつてのような「過継」[18] できる男性と婿入りできる男性のいわばスペアがいない。したがって父系継承の原則を守りながら、一人娘家庭が「過継」または婿入り婚を介して後継者を獲得するという伝統的な方法は、一人っ子世代では実行困難である。そのため後継者獲得の困難に直面する一人娘家庭は、娘との強い絆、さらに結婚市場での女性の希少価値を盾に、従来の夫方同居の嫁入り婚と父系継承による後継者獲得原則に交渉を持ち込むことが予想できる。

したがって一人娘家庭の後継者獲得ニーズの高まりは、一方では一人娘が出産する子どもの帰属権をめぐって婚家と生家との関係性の再構築につながる。他方では、既婚女性の家族内の役割の再調整を必要とする。つまり、一人娘家庭の娘を経由して後継者を獲得したいというニーズによって、これまで父系親族規範のもとで実践されてきた夫方同居の父系継承に交渉が持ち込まれるのである。夫方と妻方との間で、さらに親世代と子世代の間で、後継者獲得をめぐる調整が必要になる。したがって本書で一人娘の結婚や出産に焦点を当てることは、父系親族規範が一人っ子世代の誕生によってどのように変容するのかを知る手がかりになる。言い換えれば、一人っ子世代の誕生と一人娘家庭の大量出現は父系親族規範にどこまで変容をもたらすかという本質的な問いに接近することができる。

繰り返しになるが、本書の関心は一人っ子世代の誕生、男兄弟がいない一人娘家庭の大量出現は中国家族・親族の関係と構造をどこまで変化させるのかという点にある。具体的には、以下の問いが挙げられる。まず、一人娘の女性対象者は結婚し出産するとき、伝統的な父系親族社会で一般的におこなわれてきたように嫁入り婚で婚出して婚家のために後継者を出産するのか。また、結婚の当事者である一人っ子世代もさることながら、一人娘の生家の親と婚家の親は、子ども世代の結婚や出産にどのようにして関わるのだろうか。つまり、父系親族規範のもとでおこなわれてきた父系夫方居住の嫁入り婚は、一人っ子世代の結婚と出産の場でも実践されているのか。そして、女性が婚家と生家で担う役割はどのように変化しているのか。換言すれば、一人娘の女性たちの結婚や出産は従来のものとどのように異なるのか。かつては嫁役割と跡取り娘役割のいずれかが期待されていたが、現在のように嫁役割と跡取り娘役割の双方が期待されるように変化すると、彼女たちの結婚と出産のあり方はどのように変容するのだろうか。本書では、これらの疑問について検証していく。

おわりに

ここまで一人っ子政策が中国社会に、とりわけ中国の家族と親族にもたらした影響を整理し、次章以降の分析のための枠組みを提示した。一人っ子政策は、マクロレベルでは労働力不足と高齢化、男女性比の不均衡などの問題を引き起こし、またミクロレベルでは家族の形式から内実まで変えつつあることを概観した。

とりわけ一人っ子世代の誕生と一人娘家庭の大量出現は、父系親族規範を根底から変える可能性があることを確認した。なぜなら一人娘家庭では、息子がいないため、これまで息子に対して優先的に与えてきた愛情と教育投資を、唯一の子どもである一人娘に集中して与えるようになったからである。その結果、女性の教育水準と所得水準が上昇して、女性の社会的地位の向上とともに親から娘への期待も高まる。なかには親世代が一人娘に対して娘役割とともに息子役割も期待するようになる事例も増えている。これは娘の役割、すなわち既婚女性の家族内の役割を根底から変えることを意味する。つまり、これまでの女性は婚出した場合は嫁役割を、婿入り婚をした場合は跡取り娘役割のいずれかを果たすだけでよかったが、今日の一人娘は嫁役割と跡取り娘役割の双方が求められるようになっているのである。

したがって本書では、一人っ子政策の落とし子である一人っ子世代の女性対象者の結婚と出産に焦点を当て、女性が婚家と生家で期待される役割の変化を検証し、一人っ子世代の誕生と一人娘家庭の大量出現は中国の父系親族規範をどこまで変えるのかという問いに挑んでいく。

注

(1) 楊書章/王広州「一種独生子女数量間接估計方法」「中国人口科学」二〇〇七年第四期、中国社会科学院人口与労働経済研究所、五八―九六ページ

(2) 辜子寅「我国独生子女及失独家庭規模估計――基于第六次人口普査数据的分析」「常熟理工学院学報(哲学社会科学)」第一期、常熟理工学院、二〇一六年、三―八九ページ

（3）蔡昉『現代中国経済入門――人口ボーナスから改革ボーナスへ』丸川知雄監訳、伊藤亜聖／藤井大輔／三竝康平訳、東京大学出版会、二〇一九年、大泉啓一郎『老いてゆくアジア――繁栄の構図が変わるとき』（中公新書）、中央公論新社、二〇〇七年

（4）前掲『現代中国経済入門』、前掲『老いてゆくアジア』

（5）尚暁援／伍暁明／李海燕「社会政策、社会性別与中国的児童遺棄問題」「青年研究」二〇〇五年第四期、中国社会科学院社会学研究所、一―三六ページ

（6）李樹茁「中国的男孩偏好和婚姻挤圧――初婚与再婚的市場総合分析」「人口与経済」二〇〇六年第四期、首都経済貿易大学、一―八ページ

（7）劉中一「大齢未婚男性与農村社会穏定――出生性別比昇高的社会後果予測性分析之二」「青少年犯罪問題」二〇〇五年第五期、華東政法大学、一七―二二ページ

（8）宋健「〝四二一〟結構――形成及其発展趨勢」「中国人口科学」二〇〇〇年第二期、中国社会科学院人口与労働経済研究所、四一―四五ページ

（9）Yan, Yunxiang, *Chinese Families Upside Down: Intergenerational Dynamics and Neo-familism in the Early 21st Century*, Brill, 2021.

（10）小浜正子「現代中国の家族の変容――少子化と母系ネットワークの顕現」、小浜正子編『ジェンダーの中国史』所収、勉誠出版、二〇一五年、四三―五三ページ、Deutsch, Francine M., “Filial Piety, Patrilineality, and China's One-Child Policy,” *Journal of Family Issues*, 27(3), 2006, Liu, Jieyu, *Gender, Sexuality and Power in Chinese Companies: Beauties at Work*, Springer, 2016.

（11）Xu and Yeung, op. cit., pp. 184-209.

（12）前掲「現代中国の家族の変容」四三―五三ページ

（13）Deutsch, op. cit., Liu, *Gender, Sexuality and Power in Chinese Companies: Beauties at Work.*

（14）滋賀秀三『中国家族法の原理』創文社、一九六七年

（15）Wolf, Margery, *Women and the Family in Rural Taiwan*, Stanford University Press, 1972, Stacey, Judith, *Patriarchy and Socialist Revolution in China*, University of California Press, 1983、李霞『娘家与婆家——華北農村婦女的生活空間和後台権力』社会科学文献出版社、二〇一〇年

（16）Wolf, *Women and the Family in Rural Taiwan*、前掲『娘家与婆家』

（17）Fong, *op. cit.*、前掲『个体家庭 iFamily』

（18）「過継」とは、同じ父系ラインから男性を養子に迎えることである。

第2章　二十世紀初期から改革開放までの紹興での婚姻と親族規範

はじめに

本書では第3章で詳しく紹介するとおり、浙江省紹興市でおこなったインタビュー調査のデータを用いて、中国の一人娘の結婚と出産の実態を解明していく。

その前に、伝統的な中国社会での紹興の女性と家族のあり方（一九一〇年代から二〇年代）、そして改革開放政策の導入直後、つまり毛沢東時代の紹興の女性と家族のあり方（一九八〇年代初期）を取り上げ、紹興の婚姻や親族規範のあり方を明らかにする。

つまり、本書の実証研究に入る前の準備作業として、この地域を舞台にしている一九二〇年代の文学作品とこの地域でおこなわれた八〇年代初期の社会学研究を取り上げる。

1 魯迅の文学作品『祝福』からみた二十世紀初期の女性と家族

一九二四年に出版された『祝福』[1]という短篇小説は、二十世紀初期の旧正月の祝福ムードに包まれている魯鎮（紹興と見なされる架空の街）を舞台にしている。「私」という魯鎮出身の若者の目を通して、祥林嫂という女性の短い生涯が描かれている。

祥林嫂は、幼いときに夫方に買い取られ育てられたのちに息子である祥林と結婚した。いわゆる「童養媳」[2]であった。結婚してまもなく夫に先立たれ、姑に再婚させられそうになったため、再婚をいやがった祥林嫂が嫁ぎ先から逃亡して、しばらくの間、魯鎮の魯四老爺家で下働きをするようになった。しかしすぐに姑に見つかり、無理やり婚家に連れ戻される。その後、八十貫[3]の結納金と引き換えに山奥で暮らす賀老六と再婚させられてしまう。姑は、祥林嫂の再婚相手からもらった八十貫の結納金で、次男の結婚に必要な結納金（五十貫）と、結婚式の費用を支払った。それでも姑の懐に十貫が残った。

再婚に抵抗した祥林嫂は、賀老六との結婚式のときに自ら体を香炉にぶつけ、額に傷が残るほどの大けがをする。その後、賀老六との間に阿毛という名の息子をもうけ、ささやかな幸せを手に入れる。しかしそれも束の間、病気で夫を亡くし、そのうえ、息子の阿毛も狼にさらわれて食べられてしまう。そのため祥林嫂は夫の男兄弟に住まいを取り上げられ、追い出される羽目になった。居場所をなくした祥林嫂は魯鎮に再び戻り、魯四老爺家であらためて下働きを始める。しかし、二度結婚し二度とも夫に死なれたうえに子どももいない寡婦である祥林嫂は、雇い先の魯四老爺家では不祥不潔な存在と見なされ、祖先祭祀の食事や準備に関わることが禁じられ、次第に疎外されていく。かつては同情の対象だった祥林嫂は、こうして街の人々に徐々に軽蔑され、ついに物乞いに転落してしまう。

夫も子どももいないため、生家と婚家のいずれにも属さない祥林嫂には、もはやこの世には居場所が残されていない。旧正月を迎えようと祝日ムードに包まれる街で大雪が降った朝に、彼女の遺体が発見される。かつて祥林嫂は、死後の世界で自分は二人の夫に引き裂かれてしまうのではないかと恐怖を感じていた。彼女は小説の冒頭に登場した「私」に、生前「一体、人が死んだあと魂は残るのか」「地獄もあるか」と聞かずにはいられなかった。

このように中国の伝統的な街を象徴する魯鎮では、結婚は子孫を得るための手段であり、家系継続と祖先祭祀を担保する制度であることがうかがえる。[4] 結婚は男方にとっては嫁という名の若い労働力を得ると同時に、子孫を出産し、老親を扶養する担い手を得る手段である。[5] そのため労働力と生殖能力を手放した女方に、償いとして男方から結納金が支払われる。[6] また、結婚はそれ以外にも姻族関係を作り出す機能をもつ。女方の親は持参金を用意することによって、娘の婚家での立場を高めるとともに、女方の社会的地位を顕示しようとする。[7] ただし、息子の結婚のために高額な結納金を用意する経済力がない場合には、「童养媳」というマイナーな結婚制度を利用することもある。[8]

童養媳の場合には、嫁入り婚でおこなわれるような婚資の交換——夫方から妻方に支払う結納金、妻方が娘にもたせる持参金——がないうえに、正式な結婚によって締結される姻戚関係をもたないため、結納金を支払った嫁入り婚とは区別され、一段と低くみられる傾向にある。それは童養媳になった女性が婚家で低い地位に置かれるだけでなく、女性に何かあったときにサポートしてくれる生家がないことも意味する。(9)

図1　祥林嫂の彫刻
（出典：「柯岩風景区（魯鎮景区）」「アジア写真帳」〔http://www.e-asianmarket.com/asia/keyan31.html〕［2019年9月9日アクセス］）

童養媳だった祥林嫂は夫の祥林に先立たれて、さらに夫との間に子ども、とりわけ息子がいなかったため、もはや婚家にとどまることを許されなかった。婚家に子孫をもうけることができなかった祥林嫂にとって、残される婚家への償いとは、再婚で得る結納金しかない。実際に祥林嫂の再婚で得た八十貫の結納金は、義弟の結婚に必要な結納金や結婚式費用に使われることになる。そして、祥林嫂には自らの利益を代弁してくれる生家もない。さらに、初婚と再婚のいずれも息子、つまり女性の利益を守ってくれる後継者もいない。そのため祥林嫂は初婚先に再婚させられ、再婚先で夫の父系親族に住まいを取り上げられ追い出されたあげく、最終的に物乞いになり、祝日ムードに包まれる魯鎮の路頭で一人で死んでいく運命をたどるのである。

2　マージャレイ・ウルフの調査からみた一九八〇年代初期の女性と家族

魯迅の『祝福』で確認したとおり、二十世紀初期の紹興では父系親族規範のもとで、父系夫方同居の嫁入り婚が主な婚姻形態だった。他方、経済的余裕がない家族は童養媳制度を用いて、息子の結婚相手を獲得していた。いずれにせよ、女性は婚家のために男子後継者を出産することが期待されていた。このような婚姻形態と女性の役割は、一九四九年以降の毛沢東時代の紹興では維持されていたのだろうか。

一九四九年以降の紹興では、中国のほかの地域と同様に一連の社会改革がおこなわれた。その結果、農村部の人民公社と都市部の「単位」[10]が人々の生活のなかで大きな役割を占めるようになり、その結果、家族のあり方が大きな変化を遂げた。また女性の社会進出が推奨されて、女性が家庭を出て就労しはじめると、家庭と社会での地位が上昇した。[11]

これらの社会変動と女性の就労は、人々の家族生活、父系親族規範にどんな影響を与えたのか。二十世紀初期の紹興でおこなわれていた夫方同居の嫁入り婚や女性の役割に、変容はみられるのだろうか。これらの問いに答えるにあたり、まず改革開放政策が導入された直後の紹興でおこなわれたマージャレイ・ウルフの調査[12]を紹介したい。

ウルフは中国大陸で調査をおこなう前に、一九六〇年代に台湾の漢人家族を調査して、家族のなかでの女性の生き方に焦点を当てた。[13]六〇年代の台湾の漢人家族は、父から息子へと、いわゆる父系ラインで継承されていくという父系親族規範をもつ父系家族だった。ウルフによれば、女性は男性の一族によって構成される父系家族に嫁ぎ、異郷の他人のなかで生活することを強いられるため、自ら産み育てた息子や娘を中心的な構成員にした「子宮家族[14]」を形成する。とりわけ家系の後継者である息子と親密な関係性を築くことで、女性は婚家での立場を安定させて、自らの老後の福祉を確保していく。女性はこうした「子宮家族」をもつことによって、父系家族のなかで自らの生と老後に保険をかけるという戦略を用いていたとウルフは指摘する。

つまり、父系親族規範をもつ一九六〇年代の台湾の漢人家族には、男子子孫による継承・相続がおこなわれる父系家族と、他家から婚入する女性と彼女が出産し養育した息子や娘によって構成される「子宮家族」とが補完的な役割を担いながらも共時的に存在していたのである。この構造は、四九年以降に農村部では土地改革や人民公社が、都市部では単位制度が導入され、女性の就労が奨励されてきた中国社会では、次のとおりに変化していく。

ウルフは文化大革命期に禁止されていた中国大陸での社会調査が可能になると、すぐに一九八〇年から八一年に紹興で調査を実施し、紹興での婚姻のあり方や婚姻後の居住形態、さらに女性たちの生活の解明に精力的に取り組みはじめた。

ウルフによると、当該地域での結婚には高額な結納金が必要だった。こうした高額な結納金が発生した理由は、一方では親世代が子世代に対して親としての義務を果たすとともに、所属するコミユニティーに自らの支払い能力を証明するためである。他方で子世代にとっては、家族から将来的に相続できる資産のうち、自分の持ち分を前もってもらうためだとウルフは分析する。このように親による結婚の許可、結婚生活の手助けと協力なしには、若者は安定した結婚生活を送ることが困難である。そのため農村部では、家族という存在が人々の生活に大きな影響力をもっていた。その一方で、都市部では政府が単位を通して人々の生活に大きく関わるため、家族は農村部ほどの影響力をもってはいなかった。[15]それでも、結婚の目的は農村と都市で共通している。つまり農村と都市のいずれでも、結婚は息子をもつ家族と娘をもつ家族との経済的な取り引きであり、家族の生産と再生産のためのものである。結婚は決して、結婚の当事者にとって伴侶を得るためのものではない。[16]

前述のとおり、結婚の主な目的の一つは父系子孫を得ることである。既婚女性にとっては婚家の父系子孫、とりわけ男児を産み育てることは、婚家での立場を高め、婚家での福祉や老後の生活を安定させるために、なくてはならないものである。ウルフが調査した一九八〇年代初期の紹興の農村部では、女性は息子をもうけなくてはならなかった。それに対して都市部では、息子を出産することが依然として重要ではあるが、息子がいないからといって差別されることはなかったという。

実際、日常生活で人々は相変わらず娘よりも息子を大事に育てていたし、息子に優先的に教育を受けさせてはいる。そのため、女性は男性より教育を受ける機会が少なく、女性の非識字率は男性より一段と高かった。[17]また、農村部でも都市部でも息子家族と同居する父系親族規範が存在していた。ウルフの調査によると、一九八〇年代初期の農村部では直系家族の比率は七四パーセント、複合家族（複数の息子家族と同居している家族を指す）は一九パーセント、核家族は八パーセントだった[18]。また、都市部では七〇年代から八〇年代まで直系家族が最も多く（五四パーセント）、その次に核家族が多い（三三パーセント）[19]。さらに、ウルフはインタビュー調査からも夫方同居規範が存在していたことを明らかにした。それによると、既婚女性（母親）は、娘家族よりも、息子家族との同居を好む傾向が八〇年代初期まで持続している。

そのほか、一九八〇年代初期の女性は、四九年以前に比べて家庭外での就労が求められるようになった。その一方で、女性は相変わらず職場での役割よりも、むしろ家庭での役割のほうが重要視されている。つまり女性にとって最も重要な役割は、相変わらず子どもを産み育てること、夫や子どもの面倒をみること、さらには義父母に仕えることなのである。

ただし、一九八〇年代初期の紹興都市部の女性は四九年以前の女性よりも、また農村部の女性よりも、家庭外で就労する事例が多い。彼女らは経済的に自立していて、老後も年金をもらえるため、生家または婚家での地位が上昇している。つまり都市部の女性はかつての女性よりは、父、夫と息子への経済的依存が減少している。とはいえ、男女の間で経済的地位と社会的地位の差異が大きく残るため、既婚女性は結婚や出産からはいまだに自由になれず、また結婚後も家庭での役割から解放されるわけではない[20]。

おわりに

ここまで一九二四年に出版された魯迅の短篇小説『祝福』と八〇年から八一年に紹興でおこなわれたウルフの調査を通して、二十世紀初期から改革開放を開始するまでの紹興の婚姻と親族規範を概観した。

その結果、当該地域では一貫して結婚を成立させるために夫方から妻方に高額な結納金が支払われていたこと、女性は婚出して夫方で居住するという夫方同居規範が存在していたこと、さらに婚後に婚家のために男子後継者を出産しなければならなかったことが明らかになった。つまり当該地域の基本的な婚姻形態は嫁入り婚であり、父系継承の夫方同居規範が存在していたことがわかった。さらにこのような婚姻形態と親族規範は、一九二〇年代から八〇年代初期にも続いていたことを確認した。

一九八〇年代初期まで続いてきた紹興市の嫁入り婚と父系継承の夫方同居規範は、一人っ子世代の誕生と一人娘家庭の大量出現によって、どのように変わったのだろうか。従来の婚姻制度と親族規範に依拠するならば、娘をもつ家庭が娘を婚出させることは、娘とともに家系の後継者も失うことである。それは家系の断絶とともに、老親扶養と祖先祭祀の担い手の喪失をも意味するのである。

次章では、一人娘をもつ家庭の親世代は一人娘の結婚と孫の出産に際して、どのような戦略を用い、自らの老後の福祉と家系の継続に保険をかけるのかをみていこう。

注

(1) のちに『彷徨』(一九二六年)に所収される。本書では魯迅「祝福」(前掲『魯迅文集 第一巻』二〇三—二二七ページ)を参照した。

(2)「童养媳」とは、産まれたばかりの女児、または幼い女児が将来の義理の両親に引き取られ、育てられたあとに、略式の結婚式を経て正式に結婚するという婚姻制度である。これは宋の時代に誕生して、清の時代に普及した。女児の生家が娘を養育する経済力がなく、息子をもつ男方にも息子を結婚させるほどの経済力がないという理由で発生する。郭松義『論理与生活——清代的婚姻关系』商務印書館、二〇〇〇年

(3) 一貫は千文である。

(4) 前掲『生育制度』

(5) Wolf, *Women and the Family in Rural Taiwan*, Wolf, *Revolution Postponed: Women in Contemporary China*.

(6) Freedman, Maurice, *Chinese Lineage and Society: Fukien and Kwangtung*, Athlone Press, 1966, Freedman, Maurice, "Ritual Aspects of Chinese Kinship and Marriage," in William Skinner ed., *The Study of Chinese Society: Essays by Maurice Freedman*, Stanford University Press, [1970]1979.

(7) Wolf, *Women and the Family in Rural Taiwan*, Wolf, *Revolution Postponed: Women in*

Contemporary China.

（8）何定華「童养媳考略」「社会」一九八三年第一期、上海大学、三五—三八ページ、前掲『論理与生活』

（9）生家は一貫して婚出した女性の利益の代弁者である。これは生家が女性に経済的援助と子育てサポートを提供するとともに、女性が婚家で不適切な扱いを受けたときに抗議してくれる存在でもあることを意味する。植野弘子『台湾漢民族の姻戚』風響社、二〇〇〇年、前掲『娘家与婆家』

（10）「単位」とは中国の都市住民が所属する勤務先のことで、単位の所属者とその家族の生活と就労に関連する各種の社会福祉サービスを提供するユニットのことである。Zuo, Jiping, "Understanding Urban Women's Domestic-Role Orientation in Post-Mao China," *Critical Sociology*, 40(1), 2012, pp. 137-162, Liu, Jieyu, *Gender and Work in Urban China: Women Workers of the Unlucky Generation*, Routledge, 2011、陳予茜「中国都市部における既婚一人娘と生家および婚家との関係性——浙江省紹興市の事例から」、比較家族史学会編「比較家族史研究」第三十七号、比較家族史学会、二〇二三年

（11）Zuo, op. cit., pp. 137-162, Liu, *Gender and Work in Urban China: Women Workers of the Unlucky Generation.*

（12）Wolf, *Revolution Postponed: Women in Contemporary China.*

（13）Wolf, *Women and the Family in Rural Taiwan.*

（14）「子宮家族」の英語表記は Uterine family である。

（15）Wolf, *Revolution Postponed: Women in Contemporary China*, pp. 180-181.

（16）*Ibid.*, p. 200.

(17) *Ibid.*, p. 125.
(18) *Ibid.*, p. 184.
(19) *Ibid.*, p. 184.
(20) これらの分析結果に基づき、マージャレイ・ウルフは、毛沢東が率いる中国政府がかって女性たちに保証していた自由と自立はいまだに女性たちの手に入っておらず、革命が先送りされたと結論づけている。

第3章　紹興でのインタビュー調査

はじめに

前章では、一九二四年に出版された魯迅の短篇小説『祝福』と、八〇年から八一年に紹興でおこなわれたマージャレイ・ウルフの調査(1)を通して、二十世紀初期から改革開放を開始するまでの紹興の婚姻と親族規範を概観した。その結果、紹興での基本的な婚姻形態は嫁入り婚であり、父系継承の夫方同居規範が存在していたこと、さらに二〇年代に存在していた婚姻形態と父系継承の夫方居住規範は八〇年代初期にも続いていたことを確認した。

これを踏まえたうえで、本章以降では一九七九年以降生まれの一人娘の婚姻と出産の実態を検証する。本章では主に、紹興でのインタビュー調査の概要を解説する。具体的には、調査地域、調査方法、調査内容と調査対象者を紹介する。

1 調査方法

本書で用いるのは、主に二〇一九年、二〇年、二一年におこなったインタビュー調査データと、二一年と二三年におこなった追跡調査のデータである。

調査方法は機縁法によるものである。知人（調査対象者に知人や友人を紹介してもらったケースも含む）を通して、すでに結婚し子どもを一人以上もち、かつ一人娘である一人っ子世代の女性対象者を募集し、中国語標準語による半構造化インタビュー調査をおこなった。一人当たりの調査時間は、一・五時間から二時間である。調査対象者の承諾を得て、インタビューの内容を録音した。

二〇一九年八月に実施した調査は、現地でおこなった対面によるインタビューである。二〇年八月の調査、二一年九月の調査と二一年九月の追跡調査は、新型コロナウイルスの感染拡大によって現地での対面調査が困難になったため、通信アプリケーション「WeChat」のビデオ通話機能を用いた。二三年八月の追跡調査は、再び現地でおこなった。

二〇二〇年と二一年におこなったビデオ通話機能を介したインタビュー調査は、対面調査と比較すると、多くの情報が抜け落ちてしまうというデメリットはあるものの、調査対象者と調査者が相互に顔を見ながら、スムーズにインタビューをおこなうことができるというメリットもあった。それだけではなく、周りに他者がいない状況でインタビューができたため、プライバシーを確保できるというメリットもあった。ただし、今後このオンライン調査の結果についてさらにデータを積み重ねながら、検証していく必要があるだろう。

2 調査地域

調査地域である浙江省紹興市の人口構造と生活水準を簡潔に紹介する。二〇一八年の紹興市戸籍人口総戸数は百六十一万二千九百三十四戸、総戸籍人口は四百四十六万四千八百三人である。そのうち、男性は二百二十二万五千九百五十六人で全人口の四九・九パーセント、女性は二百二十三万八千八百四十七人で全人口の五〇・一パーセントを占める。一戸当たりの平均人口は二・八人である。一七年の全市登録流動人口によると、流入人口は百七十万九千七百三十人である[2]。

産業構造は第一次産業が三・六パーセント、第二次産業が四八・二パーセント、第三次産業が四八・二パーセントである。二〇一八年の紹興市での一人当たりの可処分所得は、四万九千三百八十九元である[3]。これは中国全体の可処分所得平均の二万八千二百二十八元の倍近くの額に達していて、浙江省の可処分所得平均の四万五千八百四十元よりも高い数値である。このように紹興市は沿海地域のなかでも豊かな地域であり、多くの流動人口を受け入れている。

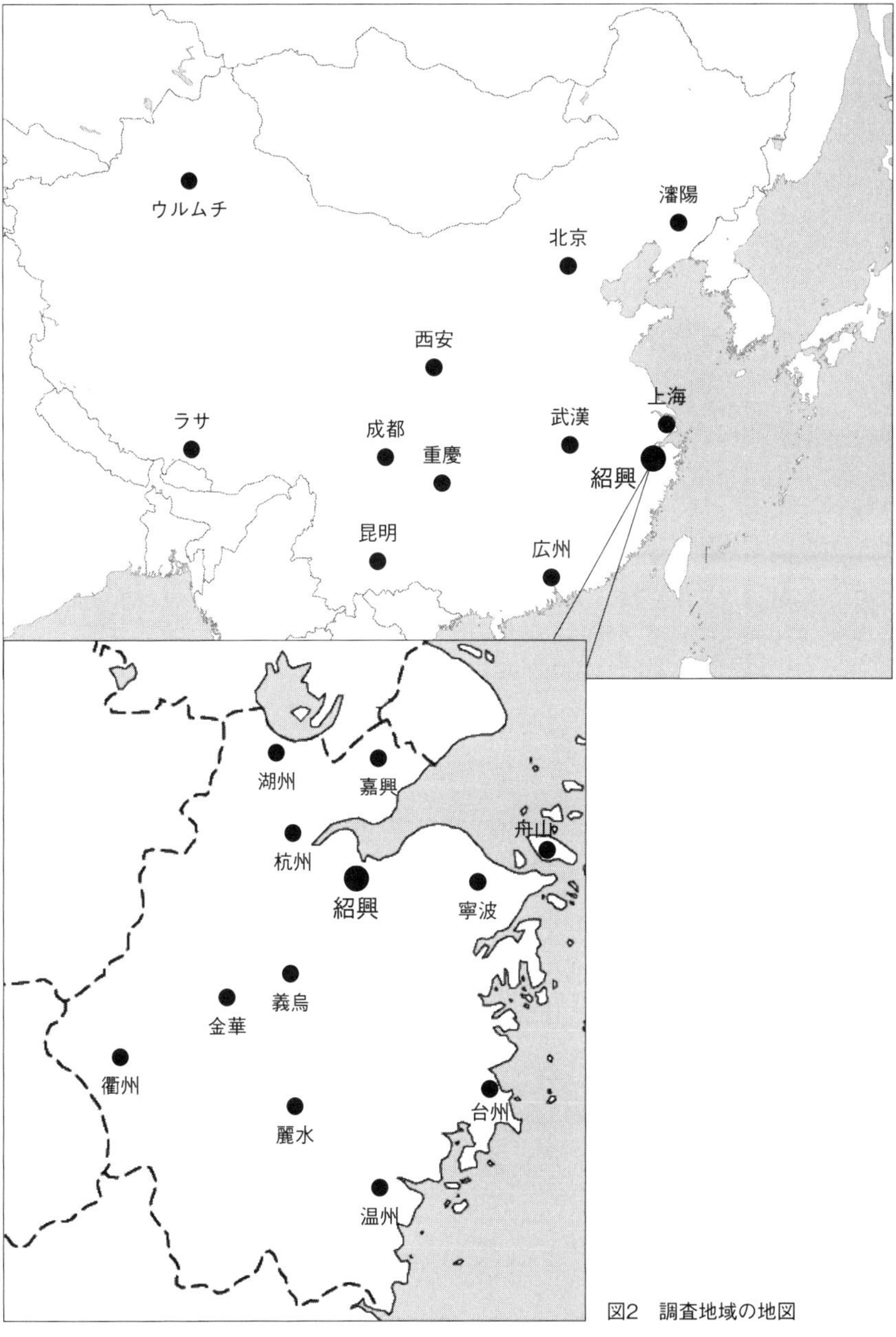
ウルムチ
瀋陽
北京
西安
上海
ラサ
成都
武漢
重慶
紹興
昆明
広州
湖州
嘉興
舟山
杭州
紹興
寧波
義烏
金華
衢州
台州
麗水
温州

図2　調査地域の地図

さらに当該調査地域は、一人っ子政策が導入されるまで男児選好志向が確認されたが、一九九〇年代以降は均衡が取れた性比に徐々に近づいてきている。紹興市の〇歳から四歳までの乳幼児の性比は一一一・二（一九五三年）、一一二・七（一九八二年）、一〇九・八（一九九〇年）[4]、一〇七・五（二〇〇〇年）と減少傾向にあり、また浙江省二〇一〇年人口センサスによると、新生児の性比は一〇九・二[5]である。

3　調査内容

調査内容は、女性対象者の婚姻、出産と世代間関係に関するものである。婚姻に関しては、配偶者と知り合ったきっかけ、婚約（結納金の有無・金額、持参金の有無・金額）、結婚（結婚式の費用、住まい、婚後の居住形態）という項目を調査した。

また出産に関しては、第一子の出産、産後ケア、第二子の出産または第二子出産意欲の有無、第二子を出産する（またはしない）理由、子どもの性別、姓の継承、両家の祖父母の関わり方を調べた。

世代間関係に関しては、主に婚後の居住形態、現在の居住形態、両家の親の住まい、両家の親との経済面・情緒面の援助と家事や育児のサポートのあり方を調査した。

4 調査対象者の属性

本書の調査対象者は浙江省紹興市在住の一人娘の女性（一九七九年以降生まれの既婚者で、子どもを一人以上もつ者）、合計四十人である。

二〇一九年八月の調査では十人、二〇年の調査では二十人、二一年の調査では十人の女性対象者に調査をおこなった。調査対象者計四十人のうち、一九七九年から八四年生まれは九人、八五年から八九年生まれは十五人、九〇年から九二年生まれは十六人である。二〇二一年の追跡調査は、一九年の調査対象者のうちの九人に対するものである。二三年の追跡調査は、二〇年と二一年の調査対象者のうちの十人に対するものである。

学歴に関しては、大学卒の対象者は三十三人、専門学校卒・短期大学卒が五人、大学院卒が二人である。職業は公務員・準公務員が二十一人、契約社員が二人、その他が十七人である。対象者の年収は高い者（八十万元）から低い者（五万から六万元）までいるが、総じて当該地域住民の平均より年収が高い対象者のほうが多い。

本書で用いる女性対象者の名前は、姓は対象者自身の本名を使い、名は仮名を用いる。姓は対象者と親世代にとって、自らのアイデンティティーの一部であり、家系を表す重要なシンボルである。そのため、対象者自身の姓を残したまま、本名と異なる名をつけることで、対象者の匿名性を担保

	出生年	学歴	職業	収入（元）	第1子出生年	性別	姓の継承	第2子出生年	性別	姓の継承
第2子を出産しない予定（17人）										
妻方から要請あり（8人）										
盛吉麟	1987	大学	公務員	20万	2016	女児	夫方			
夫	1985	短期大学	医者	-						
田唯唯	1988	大学	会社経営	-	2013	男児	夫方			
夫	1988	大学	会社経営	-						
桑晨	1989	大学	公務員	20万	2016	男児	夫方			
夫	1987	大学	公務員	20万						
蔣婷婷	1990	大学	準公務員	13万	2018	女児	夫方			
夫	1990	大学	公務員	16万						
盛麗娜	1993	大学	会社員	7万	2019	女児	夫方			
夫	1991	大学	会社経営	10万						
俞莹莹	1984	大学	公務員	20万	2012	男児	夫方			
夫	1982	大学	公務員	20万						
茅麗麗	1986	大学	教員	17-18万	2011	男児	夫方			
夫	1982	大学	公務員	20万						
黄朱鸿	1991	大学	会社員	7.5万	2017	女児	夫方			
夫	1988	大学	会社経営	20-30万						
夫方から要請あり（1人）										
阮旦	1984	大学	看護師	12万	2008	男児	夫方			
夫	1983	高校	会社経営	30-50万						
双方から要請あり（2人）										
竺玲琳	1983	短期大学	会社員	8万	2009	男児	夫方			
夫	1981	大学	教員	16万						
边文香	1988	大学	会社員	15万	2015	男児	夫方			
夫	1985	大学	会社員	20万						
親から要請なし（4人）										
陳燕画	1986	大学	会社員	50-60万	2017	女児	夫方			
夫	1987	大学	会社員	50-60万						
杨丹虹	1986	大学	国営企業	10万	2013	女児	夫方			
夫	1987	大学	国営企業	10万 + α						
章笑媛	1988	大学	準公務員	8万	2020	女児	夫方			
夫	1987	大学	会社員	12万						
胡静韵	1990	大学院	会社経営	?	2020	男児	夫方			
夫	1991	大学院	エンジニア	40万						
親の反対（2人）										
俞茜	1986	大学	会社員	20万	2013	女児	夫方			
夫	1983	大学	会社員	7万						
邢露莹	1990	大学	公務員	18万	2019	男児	夫方			
夫	1987	大学	公務員	20万						
第2子出産予定不明（4人）										
妻方から要請あり										
沙青洲	1992	大学	公務員	10万	2019	男児	夫方			
夫	1991	大学	医者	10万						
夫方から要請あり										
张莎莎	1990	大学	公務員	8万	2019	男児	夫方			
夫	1991	大学	会社経営	80万						
双方から要請あり										
陳瑞	1992	短期大学	会社員	8.4万	2018	男児	夫方			
夫	1992	短期大学	会社員	18万						
俞佳枫	1992	大学	職業高校教員	13万	2021	女児	夫方			
夫	1991	大学	公務員	15万						

※1元=15円（2019年8月時点の為替レート）

表1　対象者の属性と第2子の出産意欲・行動（筆者作成）

	出生年	学歴	職業	収入（元）	第1子出生年	性別	姓の継承	第2子出生年	性別	姓の継承
第2子を出産した者（14人）										
親から出産要請あり（7人）										
妻方から要請あり（5人）										
銭琴	1979	大学	契約社員	6万	2009	男児	夫方	2014	女児	妻方
夫	1979	大学	契約社員	7万						
邵青青	1987	大学	公務員	20万	2017	女児	夫方	2020	男児	夫方
夫	1983	大学院	公務員	20万						
曹霞	1988	大学	銀行員	20万	2015	男児	夫方	2020	男児	妻方
夫	1988	大学	銀行員	20万						
柴从容	1991	大学	公務員	20万	2019	女児	夫方	2021	女児	妻方
夫	1989	大学	公務員	20万						
陳馨	1989	大学	準公務員	15万	2016	女児	夫方	2022	女児	夫方
夫	1987	大学	準公務員	20万						
夫方から要請あり（1人）										
陳菁菁	1990	大学	会社員	30万	2016	男児	夫方	2021	女児	夫方
夫	1990	大学	会社員	20万						
双方から要請あり（1人）										
趙尊文	1990	大学	教員	-	2015	女児	夫方	2019	男児	夫方
夫	1990	大学	会社経営	-						
周囲の人の影響（2人）										
馬敏	1984	大学	看護師	2人で30万	2009	女児	夫方	2016	男児	夫方
夫	1979	大学院	医者							
章淑韵	1988	大学	会社員	8万	2014	男児	妻方	2020	男児	妻方
夫	1989	大学	ピアノ教師	14万						
予定外妊娠（5人）										
施雅楽	1981	短期大学	契約社員	4.8万	2009	男児	夫方	2009	女児	妻方
夫	1978	短期大学	契約社員	6万						
何張鵲	1982	大学	準公務員	8-9万	2009	男児	夫方	2014	女児	夫方
夫	1982	大学	会社員	20-50万						
卢纹	1982	大学院	大学職員	-	2007	女児	夫方	2011	男児	夫方
夫	1978	大学	会社員	-						
章如玉	1983	医療専門学校	看護師	2人で40万	2014	男児	夫方	2017	女児	妻方
夫	1979	大学	公務員							
酈佳玲	1989	短期大学	会社員	20-30万	2016	女児	妻方	2019	女児	夫方
夫	1986	大学	会社員	30-40万						
第2子妊娠中（2人）										
妻方から要請あり										
周玉玲	1989	大学	職業高校教員	13-14万	2019	男児	妻方			妻方
夫	1990	大学	銀行員	10万						
夫方から要請あり										
王萌荷	1991	大学	会社員	10-15万	2020	女児	夫方			夫方
夫	1990	大学	会社員	15-20万						
第2子を出産予定（3人）										
妻方から要請（いずれも婚前協定あり）										
漏静泊	1990	大学	会社員	-	2016	女児	夫方			妻方
夫	1988	大学	会社経営	-						
黄雅霞	1991	大学	銀行員	20万	2019	女児	夫方			妻方
夫	1990	大学	銀行員	20万						
双方から要請あり										
王之敏	1990	大学	公務員	10万	2017	女児	夫方			夫方
夫	1990	大学院	公務員	10万						

するという方法を採用する。また、本書で用いる対象者の姓のうち、蔣、陳、邵、俞、邢などは紹興市で一万人以上の人口をもつものであり、それ以外の姓も一定数の人口を有するので、対象者の匿名性は担保できることをお断りしておく。(6)

注

（1）Wolf, *Revolution Postponed: Women in Contemporary China.*

（2）「人口区划」「紹興市人民政府」（http://www.sx.gov.cn/col/col1461902/index.html）〔二〇二〇年八月四日アクセス〕

（3）人民元一元の為替レートは、二〇一八年十六・七円、一九年十五・八円、二〇年一五・五円、二一年十七・二円、二二年十九・五円、二三年は十九・六円である。

（4）「紹興市志1979-2010」「紹興市人民政府」（http://www.sx.gov.cn/col/col1462610/index.html）〔二〇二〇年八月四日アクセス〕

（5）周麗苹／張林菲／楼航「浙江省出生性別比変動与問題研究」（https://zjjcmspublic.oss-cn-hangzhou-zwynet-d01-a.internet.cloud.zj.gov.cn/jcms_files/jcms1/web3077/site/attach/0/eb57ede4af014914bc42db0465f1872b.pdf）〔二〇二〇年八月四日アクセス〕

（6）紹興市地方志編纂委員会办工室『紹興市志1979-2010』第四冊、浙江戸籍出版社、二〇一八年

第4章

一人娘の婚姻形態と婚資のあり方

はじめに

一人っ子世代の結婚は、アメリカの社会学者でフェミニズム理論の文脈から中国の社会主義と女性や家族の問題を扱ったジュディス・ステイシーが、「子孫による（自らへの）忠誠と援助をめぐって二組の親の間の競争を起こす[1]」ものだと表現したとおり、夫方親と妻方親は競合する関係にあると考えられてきた。またこれまで一人娘家庭では、娘は家族の「Only Hope」として親から愛情と資源を独占的に受け取り、息子にひけを取らない程度の、またはそれ以上の教育を受けてきた[2]。同時に、彼女らはかつて息子に託されていた家系の後継者としての役割を、現在親から期待されている。[3]

そのため、一人娘が結婚して家庭を築くとき、彼女らの婚姻形態や婚後の住まい、将来生まれてくる子どもの帰属などに関して、多くの注目を集めてきた。[4] なぜなら伝統的な中国社会では嫁入り婚が典型的な婚姻形態であるため、女性は婚出して婚後に夫方親と同居して、将来夫方のために後継者を出産し、義父母を扶養すること、さらに祖先祭祀をおこなうことが期待されてきたからである。このことは、一人娘しかいない彼女らの生家にとっては、娘を失うとともに家系の後継者、老親扶養と祖先祭祀の担い手を一度に失うことを意味する。

したがって一人娘が結婚するとき、一人娘を後継者として育ててきた彼女らの生家は、娘夫婦との関係の強化を図り、老後の扶養・介護の担い手を確保するとともに、娘を介して後継者を獲得しようと画策する可能性が高い。一方、こうした妻方親の戦略は、息子を経由して家系の後継者と老親扶養・祖先祭祀の担い手を獲得しようとする父系親族規範とは衝突すると考えられてきたのである。

先行研究では、都市部の一人っ子の親世代は子どもの結婚というイベントで、夫方と妻方の両方が高額な婚資を提供することによって子ども夫婦との関係を強化し、子どもから感情的なフィードバックを受け取り、老後の扶養・介護を担ってもらうことを期待するとともに、後継者の獲得をめぐって将来的に競合する関係にあると指摘されてきた。しかし、後継者の獲得をめぐり夫方と妻方は、一人っ子である子どもへの婚資提供で、それぞれどのような戦略を実際に用いているのか、さらにそれが父系親族規範をどのように変容させ、両家をともに重んじる双系的な親族関係を形成するのか（またはしないのか）については、まだ十分に検討されていない。

したがって本章では、このような問題意識を背景に、都市居住の一人娘の女性を研究対象にして、彼女らの婚資（結納金、持参金、結婚費用）と結婚用住宅の準備、婚後の居住形態に焦点を当てる。さらに、夫方と妻方のそれぞれの関わり方の詳細を明らかにしたうえで、婚資と後継者獲得戦略との関連を分析していく。

1　伝統的な婚資のあり方と今日の傾向

伝統的な婚資のあり方

結婚は、婚資の提供や婚後の居住形態、またそれに伴う女性（または男性）の移動、所属の変更、将来生まれてくる子孫の帰属を規定する制度である。中国社会では夫方居住、父系継承と男性家長への従属を特徴にもつ父系親族規範[5]のもと、嫁入り婚が典型的な婚姻形態として広範囲にわたっておこなわれてきた。

父系夫方居住の嫁入り婚とは、女性にとっては生家を離れて婚家に嫁ぐことである。これは、生活空間が生家から婚家へ移動するだけではなく、父による管理から義父母による管理に移るとともに、所属が生家から婚家へ、アイデンティティーが娘から嫁へと変化することを意味する[6]。他家から嫁入りした女性が婚家の後継者、つまり父系の血統を継ぎ、老親扶養と祖先祭祀を担ってくれる男児を出産することは、彼女らの婚家での嫁としての地位を左右する重要な要素であり、既婚女性の最も優先すべき仕事だと理解されてきた。(7)

嫁入り婚の結婚式前に、婚約の儀式をおこない、男方から女方に結納金(8)を収めることは一般的な習わしである。勝山稔は、「中国における一般的な婚儀である『六礼』の一つに、結徴(納幣)という儀礼がある。結徴とは、日本での結納の儀とほぼ同様の、婚姻に先立ち、男家から女家へ(招壻婚の場合はその逆)礼物を贈与する儀式を意味する。そして、結徴で贈与される礼物は一般に『聘彩』と呼ばれる(9)」とまとめている。男方からの結納金は、新婦を迎え入れる新郎側が、娘を送り出す新婦側に、娘がもつ労働力と生殖能力を手放すことへの償いとして提供されるものと見なされてきた。(10)一方、新婦側(女方)は新郎側(男方)から受け取った結納金の一部を結婚時に持参金(11)として娘にもたせて、娘を嫁がせてきた。農村部または社会的・経済的に低い階層の家庭では、新郎側(男方)から受け取った結納金を息子の結婚や親自身の生活に充てる傾向が確認される。一方で、新婦側(女方)は一族の社会的地位を顕示するために、または婚家での娘の立場を向上させるために、娘に多くの持参金をもたせるという行為も、中国を含めてユーラシア大陸では一般的におこなわれてきた。(12)とりわけ中国社会の結婚では「門当戸対」(男方家族と女方家族の社会的・経済的地位の釣り合い)を重視するため、女方が結納金と同等の持参金を娘にもたせることを理想にするが、実際は必ずしもそうはなっていない。一般的には貧困層や農村社会では結納金の金額のほうが、持参金より高額だとされてきた。(13)

結婚に先立ち結納金が必要とされるため、結納金を工面するために多くの借金を抱え込む家族や、結納金の調達もままならず、婚姻を結ぶことができず一生独身を強いられた「光棍」（独身男性）が中国のどの時代でもみられ、十九世紀の中国ではこのような男性が二〇パーセント程度いたと言われている[14]。こうした状況を改善するため、中国政府は一九五〇年代から結納金の金額に制限を設け結婚式の簡素化を訴えて、「売買婚姻」（金銭を介した婚姻）を禁止する政策を打ち出した[15]。それ以来八〇年代まで結納金と持参金自体は消失していないものの、低額で抑えられてきた。

しかし、一九八〇年代以降にこの規制が緩むと、結納金と持参金の金額がともに急増し、人々の年収の三、四倍にも達するようになったと言われている[16]。高額な結納金に苦しみ、結婚できない男性が増加していることに苦慮した中国政府は、結納金を廃止し金額に制限を再び設けるなどの政策を取り始めている[17]。

婚資の今日的傾向

一九八〇年代以降に中国社会でみられた婚資の急増とは反対に、一般的には近代社会では、結納金や持参金は消失する傾向にあり、結婚に必須のものではないと指摘されてきた。近代化仮説論者の一人として有名なウィリアム・グッドは、近代化が家族・親族のあり方を大きく変える要因だと見なす[18]。グッドによると、工業化と都市化によって個々人が自由に職業を選択し、賃金収入で家族を形成できるようになると、親世代からの財産相続や経済的援助に対する依存度が低下する。これは子世代の自立を促す一方、親世代の権威の低下を招くとグッドは指摘する。具体的には、結納金や持参金のような婚資、いわゆる親世代から子世代への富の移転が重要視されなくなるにつれて、子どもの配偶者選択に対して親がもつ統制力が弱まると説明する。

実際、戦後の日本社会では結婚は個々人の自由な選択になり、結婚を機に親世代からの資産移転をおこなう必然性がなくなった結果、夫方から妻方への移転である結納金も、花嫁の父から花嫁への移転である持参金も形骸化し、その金額も低下した。[19]首都圏では結納をおこなったカップルは四八・七パーセント（一九九五年）から二七・八パーセント（二〇〇五年）へと減少し、結納金も結納の品もないというカップルが半数を超えている。[20]しかし、中国社会では工業化と都市化が進む八〇年代以降にあっても、婚資は消失するどころか、むしろその金額が再び急増しはじめている。

近代化仮説に依拠して考えてみよう。婚資は子世代が家族を形成するための、親世代からの富の移転と見なし、これによって親世代が子世代の婚姻を統制していたとするならば、中国の若者の結婚は単なる個々人の選択などではない。いまだに結婚は家族間（夫方と妻方）、世代間（親世代と子世代）にとっての一大事なのである。つまり、夫方親が支払う結納金も、妻方親が提供する持参金も、それぞれの親たちの戦略と大きく関わっていることが予想される。

一九八〇年代以降の農村部にみられる婚資の急増に関しては、男女の性比の不均衡な状態と、農村部の人口流出という二つの要因と大きく関連すると考えられてきた。まず結婚適齢期の男女の人数が不均衡な状態に陥ると人数が少ない女性の希少価値は上がり、結納金の急増につながる。また七九年以降に導入された一人っ子政策によって、出産可能な子どもの数が制限されると、男児選好志向によって親は息子の誕生を強く求め始める。その結果、男女の性比が不均衡になり、結婚適齢期の男性人口が女性人口を大きく上回り、男性の結婚難が生じることになった。希少価値がある、より好ましい嫁候補者を獲得するために、息子をもつ親は次第に高額な結納金を用意せざるをえなくなった。[21]その結果、結納金の金額が急増した。同時に希少価値によって交渉力が高まった若い女性とその夫になる男性が協力して、夫方親から高額な結納金を要請するようになったと閻云翔は指摘している。[22]閻が調査した黒龍江省の農村では、八〇年代以降に夫方親からの結納金の金額が大きく増加しているのに対して、妻方親からの持参金は増加しているものの、その金額は夫方親が提供する結納金よりはるかに少ないという。

このように農村部では結納金が持参金より高いという傾向は、フランシス・シュウの調査[23]でも同様に確認されている。珠江デルタ地域で婚資の歴史的変化を調査したシュウによると、当該地域の農村部と都市部では婚資のあり方が異なっていて、その違いは年月を経ても維持されているという。つまり、農村部では中国共産党が政権をとる一九四九年までは妻方親が夫方親に対して高額な結納金を要求し、そこで得た資金を息子の結婚に使う傾向にあった。同様の傾向は八〇年代以降でも報告されていて、持参金はそれほど増加していないが、結納金は急増している。シュウによると、農村部の結納金が急増する理由は、農村部から流出する女性を引き止めるためである。他方、当該地域の都市部では農村部と異なり、四九年以前も妻方親は結納金の金額について交渉せず、そのうえ娘に高額な持参金をもたせていた。また八〇年代以降も都市部は農村部の傾向とは異なっていて、結納金とともに持参金も急増している。こうした八〇年代以降の都市部にみられる結納金と持参金の急増は、親世代が子世代の結婚に積極的に関与しているためだとシュウは分析する。つまり工場で就労して賃金収入を得ている子世代は、自らの経済力だけで結婚資金を準備できるようになり、カップル主導で家族を形成しようとする。それに対して、両家の親は子どもの結婚に対して積極的に経済的な貢献をし、年老いたときの保険（いわゆる老後の扶養や介護）をかけようとしているとシュウは指摘する。具体的には夫方親は息子夫婦のために住宅を購入し、結婚費用の多くを負担する一方、妻方親はこれまで以上に高額な持参金をもたせているのである。

要するに、男女の性比の不均衡と農村人口の流出によって、希少価値がある女性、すなわちより好ましい嫁候補者を確保するため、息子をもつ親が高額な結納金を用意することが要請されている。先行研究は、これによって結納金が急増したと説明するとともに、農村部と都市部の婚資のあり方が異なっていることを明らかにした[24]。つまり、農村部に比べて都市部では、夫方親と妻方親の負担額に差はない、もしくは少ないという特徴がある。他方、都市部では両家の負担額に差が少ないとはいえ、夫方と妻方が異なった役割を担っていることも指摘されている。

都市部で一九七三年から八七年までの間に生まれた初代の一人っ子の親世代に対して調査をおこなった王躍生は、一人っ子が結婚するときに、息子をもつ親が娘をもつ親よりも婚姻費用を多く負担していること、また子ども夫婦のために住宅を提供する傾向が強いことを明らかにした[25]。具体的には、息子夫婦に対して七四パーセントもの親が住宅を買い与えているのに対して、娘夫婦に対して住宅を買い与えた親はわずか七・八パーセントである。息子をもつ親が息子夫婦に新居を用意することはほかの研究でも確認されていて、その理由は両家の親が用いる戦略と関わっていると言われている。

婚資をめぐる親世代の戦略

まず夫方親が子ども夫婦のために新居を用意するのは、夫方親よりもむしろ妻方親がとった戦略の一つだという。これを主張しているのはアンドリュー・キプニスである。[26] キプニスは、山東省鄒平市の妻方親が二重の戦略を採用していると指摘する。妻方親は一方では、子ども夫婦のためにあらかじめ独立した新居を用意することを夫方親に要請する。というのも、新居をもつことで、娘夫婦が夫方親との同居から免れて、より自立した生活が可能になるからである。他方、妻方親は自らも娘に高額な持参金をもたせている。それによって、娘夫婦との関係を強化しようとしているのだ。すなわち鄒平市の妻方親はこれらの二重の戦略を用いることによって、娘夫婦を夫方親から遠ざけて妻方親に近づけようとしているのである。他方、夫方親は別の目的で息子夫婦に結婚用の住宅を提供していると吉国秀は指摘する。[27] 吉によれば、夫方親は住宅の提供に加えて、結婚費用を妻方親より多く負担することによって、家系の継続と世代間の相互依存の強化、妻方親に対する優位性の維持を試みる。こうした夫方親の戦略に対しては、妻方親は高額な持参金を提供することによって、姻戚ネットワークでの妻方の地位を向上させる。つまり妻方の地位を夫方の地位に近づけるとともに、娘家族との関係を強化し、老後の扶養と介護を娘に期待するのである。

ここでは、夫方親が住宅を提供して結婚費用を多く支払うことによって、父系親族規範の維持——後継者の獲得、老親扶養の期待と妻方に対する優位性の確保——を企図している。他方、妻方親は娘に多額の持参金をもたせることによって、妻方の地位の向上と、娘夫婦との関係の強化、さらに老親扶養の担い手の確保などを図る。つまり、これまで夫方親が息子夫婦に期待してきた子ども夫婦との関係や妻方親に対する優位性を獲得しようとするのだ。換言すれば、かつて父系親族規範によって担保されていた世代間関係――息子夫婦との関係の強化、老親扶養の期待、また相手側の親に対する優位性――をめぐって、現在では両家の親が競合する関係なのである。

競合する夫方と妻方との関係については、沈奕斐が子どもの数の減少や女性の経済力の上昇にその原因を見いだしている(28)。沈によると、かつて女性は結婚すると、生家の家族・親族ネットワークから離脱して婚家の家族・親族ネットワークに組み込まれるため、夫方親が妻方親に対して優位な立場にあった。しかし、一人っ子世代になると、一人娘が結婚後も生家と緊密な関係を継続するため、妻方親の重要性が高まってくる。さらに女性自身の経済力が上昇して実親を扶養・介護する能力をもつようになってきているため、親から娘への期待も高まっている。したがって夫方も妻方も唯一の子どもに対して惜しみなく財を提供して、子世代との関係を強化することによって、子世代から多くの感情的なフィードバックを引き出し、老後の扶養・介護を担ってもらおうとしているのである。夫方親も妻方親も唯一の子どもから少しでも多くのフィードバックを引き出そうとしているため、両者は競合する関係にあると沈は分析する。

以上を要約すると、これまでの先行研究では都市部の一人っ子の親世代は、子どもの結婚というイベントで、夫方親と妻方親のいずれも多くの資金提供を通して子ども夫婦との関係の強化、相手側の親に対しての優位性の維持、また老親扶養を期待していると指摘されてきた。しかし、親世代の戦略はこれだけにとどまらず、後継者の獲得まで意図していると考えられる。ただ、後継者の獲得をめぐる戦略はこれまで十分に議論されてこなかった。唯一、吉だけが妻方が高額な持参金を提供する背景には子どもの数の減少があると述べ、またそれは後継者がいないことも関係している可能性があると言及しているが、[29]それ以上の議論や分析はおこなわれていない。

つまり婚資に関する先行研究の知見に従えば、夫方親と妻方親は高額な婚資を提供することで子ども夫婦との関係を強化し、子どもから感情的なフィードバックと老後の扶養・介護を期待するとともに、後継者の獲得をめぐっても競合する関係にあると予想される。しかし、後継者の獲得をめぐって実際に夫方と妻方がどのような戦略を用いているのか、さらにそれが父系親族規範をどのように変容させるのかについては、具体的には示されていない。

本章では、このような問題意識から、都市居住の一人娘の女性を対象にして、彼女らの結婚というイベントに両家の親がどのように関わっているのか、またどのような戦略を用いているのかを分析していくことにする。具体的には、婚資（結納金、持参金、結婚費用）と結婚用住宅の準備、婚後の居住形態に焦点を当てて、夫方と妻方のそれぞれの関わり方の詳細を明らかにしたうえで、婚資と後継者獲得戦略との関連を考察する。

2　婚資の提供にみる夫方親と妻方親の役割――分析結果①

まず、結婚を成立させるための婚資の交換と結婚式費用の負担、結婚用住居の提供、婚後の居住形態を確認していく。

婚資の交換に関しては、夫方から結納金があったのは二十七件で全体の六七・五パーセントであり、結納金がなかったのは十三件で、全体の三二・五パーセントである。そして、妻方から持参金があったのは三十一件で全体の七七・五パーセント、持参金がなかったのは八件で二〇パーセント、不明が一件である。結納金に比べると、持参金があった割合が高い。そして、結納金は現金（二万元から三十八万元）が多く、次に貴金属が多い。それに対して、持参金は電化製品、日用品、乗用車と現金（十万元から百五十万元）が多い。結納金に住宅が含まれているのが八件あり、全体の二〇パーセントを占める。[30]

次に結婚式の費用については、負担者は夫方親の場合が十九件、妻方親が三件、共同が四件、各家が十二件、不明が二件である。夫方親単独で結婚式費用をもつのがいちばん多いが、夫方と妻方の各家が結婚式の費用を負担するのもその次に多い。

続いて結婚用の住居の準備に関しては、結婚時に新居を購入したのが三十二件もあり、最も多かった。その内訳は夫方の購入が二十一件（全体の六五・六パーセント）、妻方の購入が三件、両家での購入が七件、夫婦での購入が一件である。新居の購入がなかったのは八件で、その内訳は夫方所有の新居が一件、夫方同居が五件、妻方所有の新居が一件、妻方同居が一件である。先行研究で指摘されている夫方親が息子夫婦に新居を買い与えているという傾向は、本調査でも同様に確認できた。

最後に婚後の居住形態は、夫方同居が十五件、新居（夫方購入または所有）が十五件である。これらの三十件（全体の七五パーセント）は、「夫方同居／準夫方同居」と見なすことができるだろう。それ以外に、妻方同居が二件、新居（妻方購入または所有）が二件、新居（両家親購入）が四件、新居（夫婦購入）が一件、新居（賃貸、半年後に妊娠すると妻方同居にシフトする）が一件である。このように夫方同居か夫方購入の新居での生活が多い。他方、妻方同居または妻方購入の新居での生活は四十件のうち四件だけであり、ごく少数派である。また、夫婦で新居を購入するか、賃貸で新生活をスタートさせるのは二件だけである。このように一人っ子世代の結婚は親世代、とりわけ住宅の提供は夫方親に頼っていることが特徴である。

以上をまとめると、都市部の一人っ子世代の婚後の居住形態は、夫方同居または夫方購入の新居が多い。それに対して、一人娘をもつ親が娘夫婦のために、新居を購入するケースや娘夫婦と同居するケースもごく少数ではあるが存在することが確認できた。以上の住宅の購入と婚後の居住形態から、いまだに都市部でも、一人娘の女性たちの結婚は、「夫方同居／準夫方同居」の嫁入り婚が一般的だといえるだろう。

実際に四十人の女性対象者たちの語りで、自身の結婚は婿入り婚だと明言したのは酈佳玲さんの事例一件だけである。酈さんの夫は新疆出身で、四人の男兄弟がいる末っ子であり、現在は紹興市で起業をしている。紹興近隣地域出身で一人娘の酈さんと結婚したときには、妻方親が結婚式をあげ、妻方の親族や友人を招待した。夫方は兄一人が代表として出席したが、夫の両親は年をとっているうえに遠距離だったため、結婚式には出席しなかった。また婚姻に必要とされる結納金も夫方親は用意しなかったという。さらに結婚前に酈さんの実父と夫との間で協議して、生まれる第一子が妻方の姓を継ぎ、第二子は夫方の姓を継ぐことに合意を得ていたと言う。現在長女は妻方の姓を継ぎ、次女は夫方の姓を継いでいる。結婚後、酈さんの実親は紹興に移り酈さん夫婦が購入したマンションで娘家族と一緒に暮らしている。

それに対して、周玉玲さん家族は現在、周さんの実親が所有する住宅で両親と同居し、第一子の息子は周さんの姓を継いでいる。この事例は婿入り婚と見なされがちだが、周さんは自身の結婚が嫁入り婚であって、婿入り婚ではないと明言する。なぜなら夫が結納金を支払い、嫁入り婚の形式をとったためだと彼女は説明する。

この二つの事例から、結納金の支払いの有無で、嫁入り婚か否かが判断されていることが読み取れる。実際に対象者の張莎莎さんは、結婚に先立ち結納金を支払うことが浙江省、江蘇省と上海市を含む江南地域の伝統的な習俗だと説明する。

このような慣習のためか、夫方から結納金がなかったことは、娘との結婚を重視していないためだと解釈し、不満を表す母親も確認できる。

結婚が決まったとき、邢露瑩さんの義理の両親は、結婚用住宅を購入するにあたり、頭金百万元と内装費用四十万元、合わせて百四十万元を支払った。義親は住宅購入のために高額な現金を準備する必要があったため、結納金は個別には用意しないと言ってきた（邢さんに貴金属のプレゼントはあった）。この夫方の姿勢に対して、邢さんの実母は不満を表していた。邢さんは次のように言う。

母は、夫方からの結納金がなかったのは、義父母が私との結婚を重視していないことを意味していると言って、不満げでした。

ただし、邢さん自身は結納金のことを特に気にしてはいなかった。夫のことを愛していたため、不満げな母親を説得し、結婚にこぎ着けたと語る。

結納金がなかったことに不満を表した邢さんの実親は、それでも持参金として、乗用車（三十万元相当）を購入し、それ以外にも現金八十万元をもたせた。他方、結婚式の費用は夫方親が負担した。ここで、邢さんの結婚に関する両家の親の関わり方を整理しておく。夫方親は結婚用住宅の購入に必要な費用の大部分（頭金百万元）と内装費用（四十万元）、結婚費用を負担した。それに対して邢さんの実親は乗用車（三十万元相当）と現金（八十万元）を負担した。夫方親は住宅と結婚式の費用を支払い、妻方親は車の購入とともに現金を提供するというように役割分担をしている。また、費用の負担額に大きな差はなかったものの、夫方親のほうが妻方親より多く負担していることも確認できる。

他方、調査からは結納金の捉え方が変化していることも読み取れる。女性対象者は一人っ子世代であるため、実親の財産はいずれ一人っ子である自分のものになる。また義親の財産も将来自分たち夫婦のものになるという考え方が女性対象者には共有されているようで、夫方親からの結納金の有無や金額をそれほど気にしていないという声が多い。例えば、沙青洲さんは次のように語っている。

結婚用住宅 出資者	居住形態 結婚時	婚前協定 有無	妻方出産要請 有無
姑	新居（夫方購入）	-	-
双方親が出資＋夫婦で住宅ローン	新居（双方親出資）	-	-
購入＋内装（100万：双方親が出資70万＋夫婦で住宅ローン30万）	新居（双方親出資）	-	-
夫方	夫方同居	-	-
-	妻方同居	-	-
双方	妻方同居（夫婦別居）	-	-
-	夫方同居	-	-
夫方	新居（夫方購入）	-	-
夫方頭金30万、残りは夫婦で住宅ローン	新居（夫方出資）	-	-
購入140万（夫方が頭金＋夫ローン4000／月）、内装40万（夫方）	夫方同居	-	-
夫方	新居（夫方購入）	-	-
夫方	夫方同居	-	-
夫方	夫方同居	-	-
購入40万（双方親共同出資＋残りは夫婦で住宅ローン）＋内装費用10万（夫方）	新居（双方親出資）	-	-
夫方	新居（夫方購入）	-	-
-	夫方同居	-	-
-	夫方同居	-	-
夫方	夫方同居	-	-
夫方	新居（夫方購入）	-	-
夫方頭金60万、夫婦住宅ローン10万	新居（夫方購入）	-	-
夫方	新居（夫方購入）	-	-
夫方	新居（夫方購入）	-	あり
双方	新居（夫方購入）	-	あり
夫方	夫方同居	-	あり
双方	夫方同居（１カ月）→妻方同居	-	あり
夫方	新居（夫方購入）	-	あり
-	夫方同居	-	あり
-	新居（夫方所有）	-	あり
-	夫方同居	-	あり
夫方	新居（夫方購入）	-	あり
夫方	新居（夫方購入）	-	あり
購入（夫方140万＋夫婦ローン20万）、内装（妻方）	夫方同居	-	あり
-	新居（妻方所有、父名義）	-	あり
妻方	新居（賃貸）→半年後妻方同居（妊娠中）	結婚条件	あり
夫婦	新居（夫婦で購入）	婿入り婚	-
大部分は妻方、一部は夫の貯金	新居（妻方購入）	あり	あり
購入200万（双方親が半分ずつ出資）、内装費用（妻方）	新居（双方出資）	あり	あり
購入（夫240万）、内装（妻方120万）	新居（夫方購入）	あり	あり
夫方	夫方同居	あり	あり
妻方	夫方同居	あり	あり

表2　婚資のあり方、婚前協定と妻方からの出産要請の有無（筆者作成）

		婚資（元）		結婚式費用	
	結婚年	結納金	持参金	負担者	購入の有無
卢纹	2006	-	-	各家	あり
馬敏	2008	-	-	夫方	あり
章如玉	2008	-	-	各家	あり
俞莹莹	2010	-	-	夫方	あり
章淑韵	2014	-	-	妻方	なし（妻方所有住宅）
胡静韵	2018	-	住宅	各家	あり
陳燕画	2015	-	電化製品	夫方	なし（夫方所有住宅）
蔣婷婷	2016	-	電化製品	夫方	あり
何張鹊	2008	-（1）	15万	夫方	あり
邢露莹	2017	貴金属	車（30万）、80万	夫方	あり
銭琴	2008	2万	電化製品	共同	あり
章笑媛	2015	2.8万	電化製品、10万	?	あり
施雅楽	2005	6万	電化製品	?	あり
竺玲琳	2008	6.8万、貴金属	?	各家	あり
阮旦	2008	8.8万	-	夫方	あり
王萌荷	2020	10.8万	電化製品	各家	なし
边文香	2013	12.8万、貴金属	車	各家	なし（夫方所有住宅）
陳菁菁	2015	28.8万（2）	車	各家	あり
張莎莎	2018	28.8万	電化製品、100万	夫方	あり
杨丹虹	2012	8.8万	内装、車	夫方	あり
趙尊文	2014	60万 or 80万	現金（金額不明）	共同	あり
桑晨	2015	16.8万、貴金属	50万	夫方	あり
俞佳枫	2020	28万、貴金属	住宅、車	夫方	あり
盛麗娜	2017	28万、貴金属	家具、車、10万	夫方	あり
陳瑞	2016	28.8万	住宅、車、8万	夫方	あり
王之敏	2016	28万	電化製品	夫方	あり
盛吉麟	2012	18.8万	-	各家	-
茅麗麗	2010	10万	車	各家	なし（夫方所有住宅）
田唯唯	2013	10万	車	夫方	なし（夫方所有住宅）
黄朱鸿	2016	18万	電化製品、車、16.6万	共同	あり
陳馨	2014	12.8万	新居に使うもの、車、100万	夫方	あり
沙青洲	2016?	-	電化製品、車、内装、親所有住宅家賃（2万／年）	夫方	あり
邵青青	2016	20万	住宅、貴金属	各家	なし（妻方所有住宅）
周玉玲	2018	28万	住宅	夫方	あり
郦佳玲	2014	-	-	妻方	あり
俞莹莹	2010	-	住宅	各家	あり
黄雅霞	2016	20万	住宅費用の半分、内装費用、電化製品	夫方	あり
漏静泊	2016	26.8万	150万	共同	あり
柴从容	2018	20万、貴金属	住宅、20万	夫方2回、妻方１回	あり
曹霞	2014	38万	住宅、車、100万	妻方	あり

注

（1）義父が病気で治療にお金が必要であるので、実親から辞退した。

（2）住宅購入に現金が必要だったため、全額返却。

※１元 =15円（2019年８月時点の為替レート）

私たちは当時結納金をもらいませんでした。ちょうどそのとき、結婚用の住宅を買おうとしていました。義父母は自らの貯金で新居の頭金を支払うと言ってくれました。そこで私の両親はもう結納金をもらう必要性がないと言いました。私も夫も一人っ子ですからね。母はどっちみち将来財産は全部あなたたちのものになるのだから、もう結納金などわざわざ準備する必要がないと言っていました。

沙さんの義父母は結婚用住宅を購入するにあたり、これまでの貯金を頭金（百四十万元）の支払いに充てたかわりに、結納金を用意しなかった。それに対して、沙さんの実母は両家の親たちの財産はいずれ子どもたちのものになるのでわざわざ結納金を用意する必要がないと納得している。また、陳菁菁さんのようにもらった結納金（二十八・八万元）を全額返却して住宅の購入に充てる事例も確認できた。ここから、かつて結婚するためには結納金が必要だったが、今日ではむしろ結婚用住宅の購入が重要視されていることが読み取れる。

また、施雅楽さんは結納金の金額について両家の親の間で交渉はなかったことに言及し、その理由は娘をもつ親たちが娘を売るわけではないからだと説明している。

結納金の金額について、実親から特に交渉はありませんでした。私たちは娘（施さん自身）を売ろうとしているわけではありませんからね。結納金の金額は夫方次第でした。私たちが唯一気にしていたのは、婿候補の人柄でした。

このように結納金の有無やその金額については、従来どおりに結婚にとっての重要な事柄として捉える親がいる一方で、親世代の財産はいずれ一人っ子世代の子どものものになるため、気にしないという者もいる。前者が結納金に対する伝統的な捉え方とするならば、後者は一人っ子世代の新しい考え方と見なすこともできるだろう。

ここまでの分析結果をまとめると、まず婚資に関しては、夫方親は結婚に先立ち結納金を提供する義務がある一方、今日一部の家族は結納金より住宅の購入を優先するようになっていることがわかった。次に、都市部の一人っ子世代の婚資に関しては夫方親と妻方親の役割が異なっていて、夫方親が子ども夫婦に住宅を提供し、妻方親が住宅に必要な電化製品や日用品、さらに車などを準備することが多い。そして婚資と結婚費用、住宅購入の費用を合わせると、夫方親が妻方親より多く出資しているという傾向を確認できる。

3　婚資をめぐる妻方親の戦略——分析結果②

次に、このような婚資の分担の裏には夫方親と妻方親のどのような戦略があるのかについて検討していく。

結論を先取りするならば、妻方親の社会的・経済的な地位によって、異なった戦略がとられているといえる。社会的・経済的に地位が高い妻方親は、結納金の金額以上の持参金として電化製品や日用品とともに、乗用車や現金をもたせているケースが多く、住宅を買い与えているケースも八件確認できる。とりわけ高額な持参金をもたせている場合、後継者の獲得をめぐって婚前協定を結ぶ事例と、第一子出産後に妻方後継者になる第二子の出産を要請する事例がみられた。

将来生まれてくる子・孫の帰属に関して、夫方親と妻方親との間で婚前協定が結ばれていたのは五件であり、全体の一二・五パーセントを占める。[31]婚前協定によって、第一子は夫方の姓の後継者、第二子は妻方の姓の後継者にするという口約束が両家の親の間で交わされていたのは五件である。結婚条件として、一人娘が出産した子どもに妻方の姓をつけることが組み込まれていたのは一件である。また、婚前協定はなかったものの、第一子出産後、妻方の姓を継ぐ第二子の出産を要請されているのは十三件である。とりわけ経済的に裕福な家庭で、娘に多額の持参金をもたせている場合にはこの傾向が強い。

実際に婚前協定があり、協定どおりに第二子が妻方の姓を継承しているのは、曹霞さんと柴从容さんである。曹さんは結婚したときに、実親から持参金として住宅と車、さらに現金百万元をもらった。両家の親の間では、第二子は妻方の姓を継ぐという婚前協定を結んでいた。そして第一子出産後に実親から第二子の出産を要請され、二〇二〇年に生まれた次男は曹さんの姓を継承している（次男の姓については、両家の間で対立が発生した。この件については第6章で詳しく扱う）。

ただし、婚前協定があった事例でも、夫方と妻方が完全に同等の立場にあるとはいえない。というのも、婚前協定があった五件のうち二件は、第一子が娘で第二子に息子が生まれた場合、息子は夫方の姓を継承し、長女を妻方の姓に改姓するという条件があったためである。それは具体的に柴从容さんと黄雅霞さん（黄さんの事例は次節で扱う）の事例である。

柴さんの場合、両家の親の間で、第二子は柴さんの姓を継ぐという婚前協定を結んでいた。第一子は娘であるため、もし第二子に息子が生まれたら息子は夫方の姓を継ぎ、そのときに現在夫方の姓を継いでいる長女を柴さんの姓に改姓することになっている。第二子を出産するのは、生家の後継者を望む実親の気持ちをくんだためだが、息子が夫方の姓を継ぐのは、義親の気持ちを考慮した結果だと柴さんは説明する。子どもの性別による姓の調整は、両家の親の間で、そして夫婦の間で、合意が必要である。

> 娘はもうすぐ一歳になりますが、もうそろそろ第二子の出産を考えないといけませんね。実はすでに考えています。実の両親は子どもが多いほうがいいと言い、私に第二子を産んでほしいと言っています。義理の両親は特に何も言っていません。第二子が私の姓を継ぐことは、結婚前にもう実親と義親との間で話がついています。

「もし、次に息子が生まれたなら、約束どおりに第二子はあなたの姓を継ぐのか」という筆者の質問に対して、柴さんは以下のように答えた。

> おそらく調整する必要があります。もし次に息子が生まれたら、息子は夫方の姓を継ぎます。

そのときに長女は私の姓に改姓します。夫方の男子後継者を保証しなければなりません。仕方がありません。実の両親も特に反対していません。子どものうちの一人が私の姓を継いでくれればいいと言っています。私の両親は第二子が息子でも娘でもかまわないと言っています。

（傍点は筆者による。以下、同）

「息子なら夫方の姓を、娘ならあなたの姓を継ぐことについて、どう思うのか」という質問に対しては、柴さんは自身の考えを次のとおりに表明した。

私個人としては子どもはどちらの姓を継いでもかまいません。それより、実親の気持ちを考えてあげないといけません。できるだけ両親の要求を満たしてあげたいです。二人の子どもが夫方と私の姓をそれぞれ継ぐことは、実親の気持ちをくんだ結果です。また息子が夫方の姓を継ぐのは、義親の考え方に配慮したためです。

また、柴さんは夫の反応を、以下のように表現する。

夫は特に何も言いませんでした。もうとっくに決まっていたことですし。結婚前に、両家の親の間で、話がついていますからね。

柴さんの実親は、柴さんが結婚したとき、持参金として住宅とともに現金二十万元を用意した。婚前協定によって、柴さんの実親は後継者の一人を獲得することが可能になっている。しかし、これは決して父系親族規範に異議申し立てをしているわけではない。というのも、婚前協定を結んだとはいえ、第一子、とりわけ男児が夫方の姓を優先的に継承する原則が守られているためである。それ以外に、婚後の居住形態の選択でも、妻方親が夫方親のメンツを立てるとともに、夫方の利益を優先する傾向にあることが確認できる。

単純に通勤の利便性を考えれば、柴さんは実親と同居することも、また実親が持参金として用意してくれた住宅に住むことも可能だった。しかし、一時間以上かけて通勤しなければならない近郊農村で夫方親との同居をあえて選択した。さらに、妊娠後に柴さんと義親との関係を心配した実親は、柴さんに義親との別居を勧めた。だがそのときも柴さんの義親の気分を害さないよう考慮し、娘夫婦が自分たちとの同居よりも、結婚時に持参金としてもたせた住宅に娘夫婦だけの生活を柴さんの実親は勧めたそうである。

柴さんの実親は娘が出産する第二子に妻方の姓を継がせるという婚前協定を結ぶことに成功しているとはいえ、結婚後に娘夫婦は夫方親と同居し、また生まれてくる子どもも夫方に帰属すること、とりわけ男児が夫方に所属することを順守している様子がうかがえる。(32)

このように経済力が高い妻方親が娘に高額な持参金をもたせ、妻方の後継者を獲得しようとする戦略を用いているのに対して、経済的に恵まれていない妻方親が結納金を親自身の住宅購入に充てるという事例もみられた。辺文香さんは、実親が結納金を親たちの住宅の購入に用いたのに、結納金を返却しなくてもいいと言ってくれた夫にいまだに感謝していると語る。

我が家の経済状況はあまりよくありませんでした。夫と知り合い、婚約したときに夫方親は結納金十二万元をもってきました。その結納金の十二万元を使って、母は両親用の住宅を購入しました。当時紹興市の住宅の価格はまだ安く、一平方メートルあたり五千元でした。両親は自分たちの貯金に結納金の十二万元を合わせて、三十万元の現金を用意し、さらに二十万元の住宅ローンを組み、五十万元で約百平方メートルの住宅を購入しました。結納金で両親が住む家を購入するのを許してくれたことに関しては、いまでも夫にとても感謝しています。

「結納金に対する返礼などはあったのか？」という筆者の質問に対しては、辺さんは次のように答える。

返礼金はありませんでした。義父母が私たちに早く結婚してほしかったようですが、私はあと何年間か待ってもらいたかったのです。車を購入してから結婚したかったためです。義父母は何もいらないから、結納金も全部あなたの両親にあげるから早く結婚してちょうだいと言ってきました。それでも私は同意しませんでした。あと二年間、私が車を購入するまで待ってほしいと主張し、譲りませんでした。

実際、辺さんは二〇一二年に婚約し、二年後の一四年に結婚した。生家の経済状況がよくなかったため、彼女は夫方親からの結納金を実親の住宅購入に充てたことを許してくれた夫と義父母に感謝し、さらに持参金としての乗用車の購入にこだわった。こうした彼女の行動は、結納金に対して持参金を用意することがいかに重要かを物語っている。同時に、経済力がない彼女の実親は結納金を自分たちの生活のために、ここでは住宅の購入に充てた。このような農村部や社会的・経済的地位が低い家庭にしばしばみられる伝統的な結納金の用途も調査で確認できる。辺さんは第一子の息子を出産したあとに、姑から第二子の出産を要請された。姑からは、生まれた第二子が辺さんの姓を継いでもいいという提案があったが、実親はその提案を受け入れなかったそうである。

ここまでの分析結果をまとめると、一人娘の親世代のうち、社会的・経済的地位が高い者には、高額な持参金を用意することによって婚前協定を結ぶか、あるいは娘に第二子の出産要請を通して自らの後継者を獲得しようとする戦略が見て取れる。ただし、この場合でも娘夫婦が婚後夫方との同居を優先し、第一子、とりわけ男児は夫方に優先的に帰属することを順守していて、父系親族規範からは決して逸脱していないことがわかる。つまり妻方親は高額な持参金をもたせることで、自らの後継者獲得を目指しているが、それと同時に夫方親の利益を優先し、夫方親のメンツを立てている。対照的に、経済力がない妻方親は、夫方親からの結納金を親自身の生活に充てることもあり、この場合、その両親は特に後継者の獲得にこだわっていないようである。

4　婚資をめぐる夫方親の戦略——分析結果③

妻方親は夫方親の利益を優先することを前提にしながら、高額な持参金をもたせることで後継者獲得のニーズを満たすという戦略を採用している。それに対して、夫方親はどのような戦略をとるのだろうか。結論を先取りすると、夫方親は息子夫婦に住宅を提供し、結婚費用を多く負担するという戦略を用いているといえるだろう。

女性対象者が出産した子どもに関しては、四十人の第一子のうち、三十七人が夫方の姓を継承し、妻方の姓を継承しているのは三人だけだ[33]。つまり第一子の九二・五パーセントが夫方の姓を継承している。また十四人の第二子のうち、八人が夫方の姓を継承し、残り六人は妻方の姓を継承している。要するに対象者が出産した五十四人の子どものうち、四十五人（八三・三パーセント）が夫方の姓を継承していることになる。このように全体的に夫方の姓を継承している子どもが多く、とりわけ第一子の九〇パーセント以上が夫方の姓を継承していることから、子どもは父系親族に帰属するという原則が守られていることがわかる。

ではこの原則を維持するために、夫方親はどのような戦略を用いているのだろうか。前節の婚資に関わる夫方親と妻方親の役割分担の検証で明らかにしたように、夫方親が息子夫婦のために新居を購入することが多い。これは夫方がとっている戦略の一つとして先行研究でも報告されている。

実際新居を購入した三十二件の内訳を精査すると、夫方による購入が二十一件、妻方による購入が三件、両家での購入が七件、夫婦での購入が一件になっている。ここからは、夫方親が息子夫婦に新居を購入する傾向が強いことが確認できる。他方、妻方親は新居の内装、新居用の電化製品、さらに乗用車に出費している。つまり、夫方親は住まいを提供し、妻方親は生活に必要なものをそろえるというように、それぞれ異なった役割を分担していることが確認できる。高額な住宅の購入を夫方親が請け負っているという事実は、父系親族規範を機能させ、後継者獲得と妻方親に対する優位性の維持に貢献していると読み解くことができる。

夫方親にとって、息子夫婦に住居を提供することがいかに重要なのか、以下で紹介する黄雅霞さんの事例が如実に物語っている。同時に、黄さんの事例からは前節で明らかになった妻方親が夫方親に示す配慮をあらためて読み取ることができる。

黄さんの両親は黄さんがまだ大学生だったころ、黄さんのために住宅を購入した。結婚が決まったとき、夫方親から住宅購入費用の半分を負担したいという申し出があった。住宅の購入は随分前に決まっていたことであり、また黄さんの実親は経済的に余裕がある。それにもかかわらず、黄さんの実親は義親からの申し出を受け入れることにした。それ以外に、義親は結婚費用を全額負担するとともに、黄さんが出産したときに雇ったベビーシッターの費用や、その後の子育てに必要な費用も積極的に負担したそうである。

黄さんも前出した柴从容さんと同様に、婚前協定で第二子は妻方の姓を継承することになっている。ただし第一子が娘で第二子が息子だった場合には、息子は夫方の姓を継ぎ、長女は妻方の姓に改姓することになっている。

このような婚前協定の裏には、父系親族規範がいまだに中国社会で人々の行動を律していると同時に、夫方が父系親族規範を機能させるための戦略を用いているという背景がある。つまり夫方親が息子夫婦に住宅を提供し、さらに妻方親より子ども夫婦のために多く出資することで、妻方親に対して優位性を維持し、父系親族規範を機能させようとしているのである。また、妻方親も父系親族規範を順守し、夫方親の戦略を受け入れている。夫方と妻方それぞれの戦略は、次の陳馨さんの事例でより明確に現れている。

陳さんが結婚したとき、義親が陳さん夫婦のために新居を購入し、さらに内装費用も全額負担した。長女が生まれたあと、陳さん夫婦はより広い住宅を求めて、二軒目のマンションを購入した。そのとき夫方親は二百万元、妻方親は百万元を援助した。住宅の名義は夫婦共同になっている。

両家の親の出資額について、義親の原則とは何事に関しても実親より多めに負担することであり、他方、実親の原則とは義親とのバランスを取ることだと陳さんは説明する。

うちの両親は、もし向こう側の親が誠意をみせてくれるなら、相手任せというか、相手にすべてを頼るようなことは絶対しないと思います。そして、義父母は、私たちが結婚して五年間、ずっと自分たちのほうがうちの両親よりもっと多く私たち夫婦に貢献しないといけない、むしろそうすべきだと思っているようです。これらは両家の親にとって譲れない大前提みたいなものです。

陳さんは、結婚する前に両家の親の間で将来生まれてくる子どもの姓に関する話し合いはなかったが、第一子（娘）を出産したあとに実父から自らの姓を継ぐ後継者の出産を要請されている。それに対して、陳さんは第二子も娘なら実父の姓を継いでもいいが、息子なら夫方の姓を継がせたいと述べている。さらにその場合、長女の改姓が実親から要請されているにもかかわらず、陳さん自身は長女の改姓を考えていないと語る。

陳さんは、子どもが夫方の姓を継ぐべきだと考えている。その理由は、義親が実親より多くの貢献——経済的援助と子育てのサポートのいずれに関しても——をしているからだと語る。また、義親にもっと子孫を増やしてあげたいとも説明する。その後、二〇二二年に陳さんが第二子の次女を出産し、次女にも夫方の姓をつけたという。その理由は次女が生まれたときに、実父から特に姓の継承に関する要請がなかったからだと陳さんは述べる。

ここまでの結果を整理すると、夫方親が息子夫婦に住宅を提供し、結婚費用（やその後の子育ての費用）を多く負担するという戦略を用いることによって、後継者獲得ニーズを優先的に満たし、父系親族規範を機能させていることが明らかになった。またこのような夫方親の戦略は、妻方親とともに一人っ子世代の女性対象者にも受け入れられていた。

おわりに

本章の考察を通して、都市部の一人っ子世代の婚資に関しては、夫方親と妻方親が異なる役割を分担していることがわかった。夫方親が結婚用の住宅を提供し結婚費用を多く受け持っているのに対して、妻方親は住宅の内装や必要な電化製品、乗用車などを提供することによって、子ども夫婦の新生活がスタートできるように、それぞれ貢献している。夫方親が住宅を提供し、さらに結婚後に夫方居住／夫方準同居の形態をとっていることが多いため、都市部の一人っ子世代の結婚は基本的に「夫方居住の嫁入り婚」が維持されているといえるだろう。また、生まれてくる子どもは夫方に帰属し、とりわけ第一子と男児は優先的に夫方に帰属するという原則が維持されているが、第二子を妻方の後継者にするという折衷案もみられる。まずここで、夫方居住の嫁入り婚を機能させるために、夫方が住宅の提供という役割を優先的に果たし、妻方はそれ以外の補助的な役割を担っていることが確認できる。

次に、夫方と妻方はそれぞれ後継者を獲得するための戦略をとっていることがわかる。夫方は住宅を提供し、結婚費用を多く負担することで、後継者を獲得し、妻方に対する優位性を維持しようとしている。それに対して、妻方は高額な持参金を用意することで、後継者を獲得しようとするが、それはあくまで夫方の利益を優先することを前提にしている。

ここからみえてくる夫方と妻方の関係性は、婚資に関して相補的な役割を担い、夫方が優位性を維持しながらも妻方の後継者獲得ニーズも一部受容するという両者にとって有益な関係だといえるだろう。これは、先行研究で提示されてきた競合する関係性とは異なった性質のものである。

これまでの研究では、両家の親が子ども夫婦との関係の強化、老親扶養の担い手の確保、また相手側の親に対する優位性の維持をめぐって、競合する関係にあると指摘されてきた。しかし、本章の分析結果を通して、夫方と妻方はともに父系親族規範を順守し、後継者獲得をめぐって夫方の優位性を維持しながらも、妻方のニーズを一部受容する関係にあることが明らかになった。両者は決して、競合といえるほどの対等な関係性にはなっていない。むしろ、夫方も妻方もそれぞれ父系親族規範に基づき、どちらも父系の後継者を確保しようとしている。そして両者の間で、夫方の後継者獲得ニーズを優先的に満たしながら、妻方の後継者獲得ニーズも一部許容するという夫方優先の関係性が共有されているといえるだろう。

換言すれば、夫方と妻方はそれぞれの後継者を獲得するために、夫方は息子夫婦に住宅を提供し、結婚後に夫方同居をとっているケースが多い。他方、妻方は経済力があったとしても、このような夫方の役割を担おうとはしていない。夫方とは衝突しない相補的な役割を妻方は受け入れているのである。住宅を提供するのではなく、住宅の内装や住宅に必要な電化製品、また乗用車や現金の提供に徹する。すなわち、妻方は夫方の役割とはぶつからない補助的な役割を受け入れ、またその出費額に関しても夫方を超えない程度の持参金をもたせるという戦略を採用している。

一人娘の婚姻で最も重要とされるのは、夫方も妻方も父系親族規範を順守し、夫方の後継者獲得ニーズを優先的に満たしながら、妻方の後継者獲得ニーズも一部許容するという夫方優先の関係性なのである。

注

(1) J・ステイシー『フェミニズムは中国をどう見るか』秋山洋子訳、勁草書房、一九九〇年、二五五ページ
(2) Fong, *op. cit.*
(3) *Ibid.*、前掲『个体家庭 iFamily』
(4) 王躍生「城市第一代独生子女家庭代際功能関係及特征分析」「社会」二〇一七年第三期、上海大学、二七―五九ページ、前掲『个体家庭 iFamily』、施利平「後継者の獲得をめぐる世代間の交渉――中国の一人っ子世代の出生をめぐって」、比較家族史学会編「比較家族史研究」第三十五号、比較家族史学会、二〇二一年
(5) 前掲『中国家族法の原理』、Kandiyoti, Deniz, "Bargaining with Patriarchy," *Gender and Society*, 2(3), Special Issue to Honor Jessie Bernard., 1988.
(6) Stacey, *op. cit.*、前掲『娘家与婆家』
(7) Wolf, *Women and the Family in Rural Taiwan*、前掲『娘家与婆家』
(8) 中国語で「彩礼」「聘礼」「聘財」、英語で bride wealth や bride price と表現される。
(9) 勝山稔『中国宋――明代における婚姻の学際的研究』東北大学出版会、二〇〇七年、一一七ページ

(10) Freedman, *Chinese Lineage and Society: Fukien and Kwangtung*, Freedman, "Ritual Aspects of Chinese Kinship and Marriage."

(11) 持参金は中国語で「嫁妝」、英語でDowryと表現される。

(12) Goody, Jack and S. J. Tambiah, *Bridewealth and Dowry*, Cambridge University Press, 1973.

(13) 前掲「城市第一代独生子女家庭代際功能関係及特征分析」二七—五九ページ、Yan, Yunxiang, *The Flow of Gifts: Reciprocity and Social Networks in a Chinese Village*, Stanford University Press, 1996.

(14) スーザン・マン『性からよむ中国史——男女隔離・纏足・同性愛』小浜正子/リンダ・グローブ監訳、秋山洋子/板橋暁子/大橋史恵訳、平凡社、二〇一五年

(15) Stacey, *op. cit.*, Yan, *The Flow of Gifts: Reciprocity and Social Networks in a Chinese Village.*

(16) 馬春華/李銀河/唐燦/王震宇/石金群『転型期中国城市家庭変遷——基于五城市的調査』社会科学文献出版社、二〇一三年

(17) 中国政府民政部『関於開展婚俗改革試点工作的指導意見』中国政府民政部、二〇二〇年

(18) Goode, William J., *World Revolution and Family Patterns*, The Free Press of Glencoe, 1963.

(19) 北村行伸/坂本和靖「世代間関係から見た結婚行動」、一橋大学経済研究所編「経済研究」第五十八巻第一号、岩波書店、二〇〇七年

(20) リクルート「ゼクシィ結婚トレンド調査2005」リクルート社、二〇〇五年

(21) Yan, *The Flow of Gifts: Reciprocity and Social Networks in a Chinese Village*, Siu, Helen F., "Reconstituting Dowry and Brideprice in South China," in Deborah Davis and Stevan Harrell eds., *Chinese Families in the Post-Mao Era*, University of California Press, 1993, pp. 165-188.

(22) Yan, *The Flow of Gifts: Reciprocity and Social Networks in a Chinese Village.*

（23）Siu, op. cit., pp. 165-188.

（24）近年では、子どもの数の減少によって娘の生家での地位が上昇して、妻方からの持参金が夫方からの結納金とほぼ同額に達しているとジャン・ウェイグオは指摘する。Zhang, Weiguo, "Dynamics of Marriage Change in Chinese Rural Society in Transition: A Study of a Northern Chinese Village," *Population Studies*, 54(1), 2000.

（25）前掲「城市第一代独生子女家庭代際功能関係及特征分析」二七―五九ページ

（26）Kipnis, Andrew B., *Producing Guanxi: Sentiment, Self, and Subculture in a North China Village*, Duke University Press, 1997.

（27）吉国秀「婚姻支付変遷与姻親秩序謀划――遼東Q鎮的個案」「社会学研究」二〇〇七年第一期、中国社会科学院社会学研究所、一一四―一三六ページ

（28）前掲『个体家庭 iFamily』

（29）前掲「婚姻支付変遷与姻親秩序謀划」一一四―一三六ページ

（30）女性対象者によると、これらの住宅は一人娘の実親が娘の将来のために投資として購入したもので、必ずしも結婚用の住宅ではない。一般的には結婚用住宅は男性側が用意するものと期待されている。

（31）四十件のうち、一件は婿入り婚である。この場合、第一子は妻方の姓を継ぎ、第二子は夫方の姓を継ぐことを、夫と実父の間で合意していた。一件は結婚条件として、一人娘が出産した子どもが妻方の姓を継ぐと両家の親の間で約束が交わされていた。

（32）二〇二一年に柴さんは次女を出産し、次女は協定どおりに柴さんの姓を継いでいる。

（33）妻方の姓を継承している三件とは、スペイン人男性と結婚し、二重国籍をもつ子どもが漢字表記で母方の姓を継いでいる章淑韵さんの事例と、婿入り婚であるため第一子が母方の姓を、第二子が父方

の姓を継いでいる酈佳玲さんの事例、結婚の条件として娘が出産する子どもは母方の姓を継ぐことを決めた周玉玲さんの事例である。

第5章　妻方親からの後継者要請をめぐる世代間の交渉

はじめに

前章では一人娘の婚姻をめぐって、両家の親世代が提供する婚資のあり方と、その根底にある戦略について考察した。その結果、都市部居住の一人娘は夫方親が提供する住宅での居住または夫方親との同居が多いことから、夫方同居の嫁入り婚を実践していることがわかった。夫方親は息子夫婦に住宅を提供し、住宅購入の費用や結婚式の費用を妻方親より多く負担することによって、夫方同居の嫁入り婚を成り立たせている。それに対して、妻方親は夫方親と衝突しないように異なる役割を担う。例えば、乗用車や新生活に必要な生活用品などという形態で、高額な持参金を提供することによって、自らの家系の後継者を獲得しようとしている。すなわち夫方同居の嫁入り婚をした一人娘を介して、妻方親は自らの家系の後継者を獲得しようとしているのである。

このような妻方の後継者獲得ニーズとその実践は、従来の父系親族規範のもとで現在までおこなわれてきた夫方同居の父系継承原則とは対立してしまう。そのため、夫方と妻方の対立や葛藤をもたらすだけではなく、出産する女性にも二重役割を要請し、世代間の対立や葛藤をもたらす可能性が高い。

つまり、従来どおりに父系継承の原則に従い男子後継者を獲得しようとする夫方と、一人娘との強い絆を盾に自らの後継者を獲得しようとする妻方との間で、後継者の獲得をめぐる対立や交渉が生じているのである(1)。またそれだけにはとどまらず、婚家と生家のいずれか、あるいは両方から後継者の出産を要請される女性対象者は、嫁または跡取り娘としての役割と、個人の希望との間で葛藤するだろう。したがって本章では、妻方親からの後継者要請に焦点を当てることによって、夫方親にはどのように一人娘しかいない妻方親から交渉が持ち込まれるのか、そして親世代に対して子世代からどのように交渉をおこなうかを明らかにしたい。

本章は、こうした観点で妻方親からの後継者要請に焦点を当てる。具体的には、妻方親から後継者を要請される場合、夫方親と妻方親との間で、そして親世代と子世代の間で、どのような交渉がおこなわれたのかを分析する。

1　一人っ子政策による父系親族規範への挑戦

伝統的な中国社会は父系親族規範をもっていて、夫方居住と父系継承、男性家長への従属を特徴とする。[2] 父系夫方居住の嫁入り婚が一般的な中国では、女性にとって結婚とは、生活空間が生家から婚家へ移動するだけではなく、父による管理から義父母による管理への移行にしたがい、所属が生家から婚家へ、アイデンティティーが娘から嫁へと変化することを意味する。[3] 嫁入りした女性は嫁として婚家の後継者を出産し、義父母に仕え、祖先祭祀をおこなうことが期待される。とりわけ婚家のために男子後継者を出産することは、婚家での嫁としての地位を左右する重要な要素であり、女性の最も優先すべき仕事だと先行研究では指摘されてきた。[4]

ところが、父系親族規範のもとで実践されてきた父系継承による男子後継者の獲得原則が、一人っ子世代の誕生と一人娘家庭の大量出現によって、いまや変更・再構築を迫られていると指摘されている。なぜなら、それは一人娘家庭がもつ後継者の獲得ニーズと対立するからである。一人娘として親からの愛情と資源を独占的に受け取ることができた彼女らは、かつては息子だけに託されていた家系の後継者としての役割、つまり子孫をもうけて血統を残し、老親扶養と祖先祭祀をする役割も実親から同時に期待される。[5] 一人娘を介して後継者を獲得するニーズは、これまでの父系継承による男子後継者の獲得原則とは明らかに対立するものである。一人っ子世代では、各家庭の子どもが一人だけ、農村部でさえせいぜい二、三人なので、かつてのような「過継」できる男性と婿入りできる男性のいわばスペアがいない。したがって父系継承の原則を守りながら、一人娘家庭が「過継」または婿入り婚を介して後継者を獲得するという伝統的な方法は、一人っ子世代では実行困難なのである。そのため後継者獲得の困難に直面する一人娘家庭は、娘との強い絆、さらに結婚市場での女性の希少価値を盾に、従来の夫方同居の嫁入り婚と父系継承による後継者獲得原則に交渉を持ち込む。

一人娘と生家との関係が強まる一方で、婚家との関係は弱まりつつある。その理由として、まず一人っ子政策がもたらした男女性比の不均衡が結婚市場での女性の価値を高めたことが挙げられる。これまでは、父系親族規範のもとで男子後継者が必要とされてきたため男児選好志向が強かった。しかし、一人っ子政策の実施によって出生性比のバランスが大きく崩れ、男性の結婚難が生じている。そのため二〇一五年から四五年の間に男性人口過剰は一五パーセント以上になると予想され、毎年約百二十万人の男性が結婚市場で結婚相手を見つけにくくなると言われている。[6]その結果、結婚市場での女性の希少価値が上昇し、結婚候補者の男性とその親に対する女性の交渉力や婚後家庭での発言力が高まった。[7]また、婚家との関係が弱まる第二の理由として、女性自身の経済力の上昇が挙げられる。経済力の上昇によって既婚女性は義親よりも実親に経済的・情緒的サポートを優先的に提供しはじめ、[8]実親をケアする傾向が強まっている。[9]これは父系親族規範のもとで実践されてきた婚出した女性の嫁役割とは大きく異なるものである。

ここからは、一人娘が結婚しても生家から婚家への所属やアイデンティティーの変更がおこなわれなくなり、婚家より生家に忠誠心を示すようになったことが確認できる。[10] この夫方優位から対等、あるいは妻方優位への転換は、両家の後継者獲得戦略にも大きな影響を与えていて、両家の間で交渉の余地が生まれるとともに、論争や対立も増加している。

換言すれば、娘しかいない家庭の大量出現によって、中国社会では父系継承による男子後継者の獲得原則に反して、娘を経由して後継者を獲得するニーズが高まっている。実際に一人っ子世代の家庭では姓の継承に関して両家の論争や対立が増加していて、[11] また従来の父系夫方居住の嫁入り婚とは異なった「並家婚姻」という新しい婚姻形態が複数の地域で報告されている。「並家婚姻」とは、結婚した一人っ子同士が夫方と妻方の両方の親元にそれぞれ住まいを構え、決まった期間をどちらかの親元で生活するスタイルである。これによって、双系的な親族関係を形成することが可能になる。[12]

そして、婚後の後継者の獲得に関する論争や対立を避けるために、「並家婚姻」では子どもが父方と母方の姓のどちらを継承するのかについて、婚前協議によって決めることが増えている。[13] また子どもの姓の継承に関して一人っ子の親世代を調査した王躍生は、孫が一人の場合では、一人息子をもつ親の九九パーセント、一人娘をもつ親の九八パーセントが「孫は父方の姓」を継がせているのに対して、孫が二人いる場合、一人息子をもつ親の九六パーセントは「孫は父方の姓」を継がせ、一人娘をもつ親の八三パーセントは「孫は父方の姓」を継承させるが、残り一一・五パーセントの一人娘の親は孫の「一人は父方の姓、もう一人は母方の姓」を継承させていることを明らかにした。[14]

そのほか、許琪は二〇〇五年全国センサスの人口一パーセントサンプルデータを用いて、母方の姓と複合姓[15]を名乗る事例を取り上げ、それらの地域分布と時代変化の要因を分析した。その結果、一九八六年から二〇〇五年生まれの対象者のうち、父方の姓を継ぐ者は九七・八パーセント、母方の姓を継ぐ者は一・四パーセント、複合姓をつける者は〇・八パーセントいることがわかった[16]。母方の姓を継ぐ事例と複合姓をつける事例はごくまれではあるが、徐々に増加する傾向にあるという。また母方の姓を継ぐ事例は都市部よりも農村部のほうが多く、これは母親の社会的地位が父親より高い家庭や、母親に男兄弟がいないが父親に男兄弟がいる家庭で発生しやすい。これらの分析結果を踏まえ、許は母方の姓を継ぐことは、一人っ子政策のもとで出生率が低下したため、男子後継者をもたない母方の子孫を残したいというニーズを満たすための戦略だと指摘している。

これらの先行研究から、子どもは原則として父系親族に帰属するが、娘しかいない家庭では娘を経由して後継者を獲得するニーズがあることが見て取れる。また、妻の生家の経済力や社会的地位の高さも妻方の交渉を有利にしていて、社会的地位や階層の上昇を目指して子どもが母方の姓を継承する事例が報告されている[17]。

父系継承による男子後継者の獲得原則に対する一人娘家庭の後継者獲得ニーズの高まりは、子どもを出産する女性に二つのレベルでの調整を要請する。一つ目は、既婚女性の所属またはアイデンティティーの調整である。なぜなら、かつては嫁入りした女性は婚家のために後継者を出産し、跡取り娘は生家のために後継者を出産するというように、女性はどちらかの役割を担うだけでよかったが、現在の一人娘は婚家と生家の両家から後継者の出産が求められる場合には、嫁役割と跡取り娘役割との間で調整をおこなう必要があるからである。

二つ目は、親世代からの出産要請と女性本人の希望との調整である。一人っ子政策から二人っ子政策さらに三人っ子政策に変更されたことで、一人っ子の親世代、とりわけ娘しかいない一人娘の親世代にとっては、娘夫婦に二人の子どもの出産を要請することで、そのうちの一人を妻方の後継者として獲得できる可能性が開かれた。また、男子後継者にこだわる夫方親にとっても、女児を出産した息子夫婦に二人目の出産を要請して、男子後継者を獲得しようとするニーズが高まっている。[18]

こうした親世代の出産要請に対して、子世代は親世代から経済的な支援や子育てサポートを受けているため、親世代の出産要請を拒否できずに第二子を出産する傾向にある。[19]一方で、仕事と子育ての両立の困難や子どもの養育・教育コストを理由に二人目の出産を拒否し、世代間で対立が生じる事例も報告されている。[20]また中国の一人っ子世代の女性は親世代と強い絆を結ぶことで、親世代の子どもの性別への好みや人数というような価値観を内面化してはいるものの、[21]育児のあり方をめぐっては、彼女たちは親世代より発言力が強く、決定権をもっていて、実父や義父という男性家長や母親も含む親世代に一方的に従属するものではない。[22]さらに彼女らは親世代とは異なり、夫婦や親子の親密性を重視する一方で、家族生活以外にも自らの趣味や個人の成長、自身の生活を追求する傾向にあると指摘されている。[23]したがって、第二子の出産をめぐっては、女性対象者は親世代からの要請と女性自身の希望との間で調整をおこなうことを余儀なくされる。このような親世代の出産要請と子世代の受容や抵抗という図式はこれまでに提示されてきてはいるものの、夫方親と妻方親の交渉、そして親世代と子世代の交渉には焦点が当てられていないため、必ずしも十分に研究が蓄積されていない。[24]

本章では、すでに一人以上の子どもをもつ一人娘である女性に焦点を当て、妻方親から後継者の出産を要請される十三件を取り上げる。妻方親から後継者を要請される場合、夫方親と妻方親との間で、そして親世代と子世代の間で、どのような交渉がおこなわれたのだろうか。

2 後継者をめぐる夫方親と妻方親との交渉――分析結果①

表1で示したとおりに、四十人の調査対象者のうち、子どもを二人もつ者は十四人、一人もつ者は二十四人、二人目を妊娠している者は二人だった。四十人の第一子のうち、三十七人は夫方の姓を継いでいる。また、十四人の第二子のうち、八人は夫方の姓を、残りの六人は妻方の姓を継いでいる。ここから、子どもが夫方に帰属するという父系親族規範が維持されていることが読み取れる。

他方、妻方の後継者獲得ニーズの高まりとそれに伴った実践も見て取れる。例えば一人娘が結婚する前に、将来生まれる子どもの姓をめぐって仲人を通じて夫方親と妻方親の間で交渉がおこなわれ、第二子を妻方の後継者にするという承諾を得たのは、四十件のうち五件あった。また、結婚条件として、娘が出産する子どもは母方の姓を継ぐということを両家の親の間で合意しているのは、一件である。

さらに事前の承諾を得ている事例も含めて、結婚後に妻方親から第二子の出産を要請された十七件のうち、十三件は妻方の姓を継ぐ後継者の出産を要請されている。ここから、妻方の後継者獲得のニーズとその実践を読み取れる。本章は妻方の後継者の獲得に焦点を当てて分析をおこなうため、以下で妻方の親世代から妻方の姓を継ぐ第二子の出産要請があった十三件を中心に検討していく。

婚前協定によって、第二子が女性対象者の姓を継ぐという承諾を得ているのは五件ある。そのうち、曹霞さんは二〇二〇年四月に次男を出産し、第二子が約束どおりに対象者の姓を継いでいる。漏静泊さんは、第一子の出産後に第二子が対象者自身の姓を継いでもいいかと夫にあらためて相談し、夫が親に確認した結果、第二子は仮に息子だったとしても対象者の姓を継承していいという承諾を義父母から得ている。一方、俞莹莹さんは結婚前に夫方祖母から第二子は妻方の姓を継いでもいいという承諾を得ていたが、夫方の祖母が死去して以来、夫は第二子が妻方の姓を継ぐことに反対しているため、第二子の出産を断念した。柴从容さんと黄雅霞さんは、結婚前に第一子は夫方、第二子は妻方の姓を継ぐことに関して両家の親の間で合意を得ている。ただし、もし第一子が女児で、第二子が男児だった場合、男児は夫方の姓を継ぎ、女児は夫方の姓から妻方の姓に改姓することも婚前協定で両家の親の間で明確に決められている。柴さんはすでに女児二人を出産していて、約束どおりに長女は夫方の姓を、次女は妻方の姓を継いでいる。

子どもが妻方の姓を継ぐという結婚条件があった周玉玲さんの事例では、妻方が夫方に比べて社会的・経済的条件がはるかにいいという特徴がある。というのも、周さんの実父は会社経営者で実母は公務員だが、夫の両親は無職だったためである。また、婚前協定があった五件の事例には、妻方の経済力の高さまたは都市居住[25]という階層的要因が共通して挙げられる。例えば曹さんの実父は会社経営をしていて、また曹さんは結婚時に両親から持参金として、マンションと乗用車、現金百万元（二〇一九年八月の為替レートでは千五百万円）を受け取った。漏さんの実父も会社経営をしていて、持参金として現金百五十万元をもらったのに対して、漏さんの夫は農村出身で義父は夫が若いときに病気で倒れていて、経済的に義親を頼れる状況ではない。さらに、俞さんのケースでも夫は農村出身で結婚時に実親から経済的援助を受けてマンションを購入した。また妊娠初期から俞さんの生家で両親と同居し、実親から経済的援助と育児サポートを受けているが、義親は農村にあり、義親からは経済的援助と育児サポートを受けていない。黄さんの両親は黄さんがまだ大学生のときにもうすでに彼女のために住宅を購入していて、さらに柴さんも結婚時に持参金として実親からマンションをもらった。他方、黄さんの夫は他地域出身であり、柴さんの夫も紹興市近郊の農村出身である。ここから、妻の生家の経済的・社会的地位の高さは妻方の後継者獲得に有利にはたらいていることが確認できる。

また、婚前協定はなかったが、第一子出産後に妻方から妻方の姓を継ぐ第二子の出産を要請されたのは七件である。陳馨さんは実父から自らの姓を継ぐ第二子の出産を要請され、夫に相談したが、そのとき夫は子どもの姓に特にこだわっていなかった。そのため陳さんは実父の要請を部分的に受け入れ、第二子が男児なら夫方の姓を、女児なら自身の姓を継承させようと考えている。沙青洲さんも同様に実父から自身の姓を継ぐ第二子の出産を要請されていて、それを夫に相談したところ、夫から同意を得ることができた。邵青青さんは婚前も婚後も実親から妻方の姓を継ぐ子どもの出産を要請されていたが、本人はいずれも反対し、産むなら二人とも夫方の姓を継承させたいと語る。ただし、邵さんが夫に相談した際、夫はどちらの姓を選択しても特に問題がないと言っていた。他方、茅麗麗さんと黄朱鴻さんは実父の姓を継ぐ生家の後継者の出産が要請されているが、二人とも夫の反対にあい、出産を断念したと語る。また、田唯唯さんと盛吉麟さんは第二子の出産自体に反対し、親の要請を拒否している。

以上みてきたとおり、妻方親が後継者を獲得するための交渉には、二つのパターンがある。一つは婚前に両家の親同士で協定を結ぶパターンである。この場合、女性対象者の生家の経済力と都市居住という階層的要因が妻方の交渉を有利にしているようである。もう一つは、第一子出産後、親世代が女性対象者に第二子の出産を要請するパターンである。この場合、出産する女性対象者の反応や夫と夫方親の反応によっては、結果が大きく異なってくる。

3 妻方親からの後継者出産要請に対する一人娘の反応——分析結果②

次は、妻方親の要請に対する女性対象者の反応を詳しく検討する。妻方の後継者の出産を要請された女性対象者の反応は、大きく四つのタイプに分けられる。タイプ1は両家の後継者獲得に協力し、嫁役割と跡取り娘役割の双方を遂行する者、タイプ2は生家の要請を拒否し、嫁役割だけを遂行する者、タイプ3は女性自身の希望を優先し、親の要請を拒否または親と協議する者、タイプ4は跡取り娘役割だけを遂行する者である。以下では、順を追ってその詳細をみていく。

タイプ１──両家の後継者獲得に協力し、嫁役割と跡取り娘役割の双方を遂行

事例１──妥協の結果、キャリアを一時中断し、生家の要請を受け入れる曹霞さん

二〇一九年に調査した時点では、曹さんはすでに長男を出産していて、また第二子を妊娠中だった。彼女は二〇年四月に次男を出産した。第一子は夫方の姓を継ぎ、第二子は曹さんの姓を継いでいる。また第一子も第二子も主に義母から育児サポートを得ている。

結婚前に両家の親の間で協議があり、第二子は女性対象者の姓を継ぐことへの同意を得ていた。第二子は約束どおりに対象者の姓を継承している。実親から第二子の出産を要請されたことに対して、キャリア志向が強い曹さんは、当時のことを次のように振り返る。

> 第二子は特にほしくありませんでした。でも仕方がありませんでした。両親の要求があまりにも強くて、彼らは子どもが二人必要だと言っていました。
> でも私は第二子がほしくなかったので、とても迷っていました。現在私は銀行の副主任ですが、上司は私に主任のポストを約束してくれました。そのため、いまがいちばん頑張る必要がある時期だと思います。妊娠や出産でキャリアを中断したくないと思いました。子どもを出産したら、少なくても二、三年間、子育てに時間がかかります。その間はキャリアを中断せざるをえません。しかし、本当に仕方がありません。親からの要望があって……。
> 二、三年後に家政婦を雇って、子どもの面倒をみてもらおうと考えています。私は特に家庭

姓の継承（または予定）	女性対象者の反応	調査時の子どもの世話	
		平日	週末
妻方	キャリアを一時中断し、双方に協力	姑	実家
妻方	女児なら妻方の姓、男児なら夫方の姓	姑	実家
夫方（1）	女児なら妻方の姓、男児なら夫方の姓	姑	実家
妻方	出産後再確認し、夫方から賛同をえる。出産と子育てに躊躇	実母	婚家
妻方（女児なら妻方、男児なら夫方）	女児なら妻方の姓、男児なら夫方の姓方	実母	-
予定なし	夫の反対で生家の要望を断念、嫁役割を優先	実母	婚家
-	夫の反対で生家の要望を断念、嫁役割を優先	実親（幼稚園まで）→義父母（小学校から）	-
-	夫の反対で生家の要望を断念、嫁役割を優先	実親	-
夫方	自ら親を説得し、嫁役割を優先	姑	実家にたまに戻る
妻方	父と協議	姑	実家
-	嫁役割達成。子育て責任	姑	水曜と日曜は実家
-	嫁役割達成。出産、子育てが大変	姑	-
妻方	実母の要請。一人息子は自立していているので、2人目の出産を決めた	実親	-

表3　妻方親からの後継者出産要請と一人娘の反応（筆者作成）

	婚前協議の有無	第一子		妻方からの後継者出産要請	
		性別（出生年）	姓の継承	出産要請の有無（妻方）	出産（または予定）の有無
タイプ1：両家の後継者獲得に協力し、嫁役割と後取り娘役割の双方を遂行					
曹霞	あり	男児（2015）	夫方	あり	男児（2020）
柴从容	あり	女児（2019）	夫方	あり	女児（2021）
陳馨	なし	女児（2016）	夫方	あり（実父）	女児（2022）
漏静泊	あり	女児（2016）	夫方	あり	未定
黄雅霞	あり	女児（2019）	夫方	あり	予定あり
タイプ2：生家の後継者出産要請を拒否し、嫁役割だけを遂行					
俞莹莹	あり	男児（2012）	夫方	あり（実母）	予定なし
茅麗麗	なし	男児（2011）	夫方	あり	予定なし
黄朱鸿	なし	女児（2017）	夫方	あり	予定なし
邵青青	なし	女児（2017）	夫方	あり（実母）	男児（2020）
タイプ3：女性自身の希望を優先し、親の後継者出産要請を拒否または親と協議					
沙青洲	なし	男児（2019）	夫方	あり（実父）	未定
田唯唯	なし	男児（2013）	夫方	あり（祖母）	予定なし
盛吉麟	なし	女児（2016）	夫方	あり	予定なし
タイプ4：跡取り娘役割だけを遂行					
周玉玲	結婚条件	男児（2019）	妻方	あり	妊娠中

注（1）：陳馨さんの次女が生まれたときに、実父から姓の要請が特になかったため、次女に夫方の姓をつけた

と子ども中心の人ではありません。現在息子に対しても、ほかの母親と同じように家庭を中心にして残業しないということはありません。子どもがいるので、子どもの面倒をみなくてはいけないとか、子どもの習い事や教育を優先しないといけないので、残業したくないという同僚もいますが、私にはこのような感覚が欠けています。第二子が生まれても、仕事を続けたいです。元の職場に戻り、昇進もしたいです。また将来転職も考えていますが、少なくともまずは元の職場に戻り、何年間かはそこで頑張らないといけません。

このように曹さんは実親の出産要請と自らのキャリアとの間で迷いがあったことを認めていて、生家の後継者獲得に協力するため、キャリアを一時中断せざるをえなかったと述べている[26]。ただし曹さんは生家の出産要請に協力し、跡取り娘としての役割を果たす一方で、嫁としての役割も決しておろそかにしていないことも打ち明ける。彼女は結婚時に実親に市内にマンションを購入してもらったのにもかかわらず、結婚後に夫方親のメンツを立てるため、わざわざ職場からも離れていた紹興市郊外にある夫の実家で一カ月ほど夫方親と同居した。結婚後に夫方同居という形態をとったのである。その後、曹さんが所有するマンションに住まいを移した。また、出産後も普段同居していない夫の実家に戻り、一カ月間夫方親の世話になった。それはすべて夫方親のメンツを立てるためだったと曹さんは説明する。

事例2――生家の要請を受け入れるが出産をためらう漏静泊さん

漏静泊さんの第一子は娘であり、彼女は妊娠時から長女が三歳で幼稚園に入るまで実親と同居し、実母から育児サポートを得ていた。長女は夫方の姓を継いでいる。漏さんは実母から第二子の出産を要請されている。

実母から第二子を産むなら早く産んだほうがいいと言われています。いまなら、自分たちはまだ若く体力があるので子どもの面倒をみてあげられると。そして母から第二子が生まれたら、母が第二子を、私は長女の面倒をみるようにしたらいいと言われています。

第二子が生まれたら、自身の姓を継ぐことになっていると漏さんは述べる。漏さんによると、結婚前に、仲人から第二子は妻方の姓を継いでもいいと言われていたが、一方で夫はその件を聞いていなかったようである。そのため第二子の姓について夫に確認し、さらに夫が義父母に再確認をした。その結果、あらためて第二子は漏さんの姓を継いでいいという了承を義父母から得ることができた。

結婚前に仲人は、将来子どもが二人生まれたら、一人は夫方の姓を継ぎ、もう一人が私の姓を継いだらいいと言っていました。娘を出産したあと、第二子のことが話題になり、私の姓を継ぐことになっていると話すと、夫が私に当時仲人からそのような話があったのかと聞いてきました。彼はその話を聞いていなかったようです。彼はその後、義父母のところに帰ったときにこの件を確認し、義父母からそうなっていたことを聞いてきました。夫は当時すでにそのような約束があるなら、約束どおりにしようと言いました。またしばらくして、私は夫にもし第二子が息子ならどうするかと聞いてみました。夫は彼自身では決められないので、あなたから義父母に直接確認してみてはどうかと言いました。その後、私は特に何もしなかったので、夫はまた義父母に相談した結果、第二子が私の姓を継ぐことに義父が賛同し、さらに息子が生まれるならそれがいちばんいいと義父が話したと、夫は私に言いました。

それに対して、漏さんは以下のように義父母を評価している。

　本当のことを言うと、私は義父母はとても先進的な人だと思います。もしほかの義父母なら、第二子が娘なら嫁方の姓を継いでもいいと言うかもしれませんが、息子ならきっと自分たちの姓を継いでほしいと言ってくると思うからです。

ただし、第二子の性別に関しては、漏さん夫婦は親世代とは異なった考えをもっている。

　第二子の性別に関しては義父も実父も息子のほうがいいと言っていますが、実は私も夫もどちらの性別でもいいと考えています。夫は特に子どもが好きというタイプでもありません。第二子を産むかどうかも含めて、夫はすべて私に任せると言っています。あなたが産みたければ産んでもいいし、もし産みたくなければ産まなくてもいいと言っています。これが夫の態度です。彼が私に何かを強制することはありません。すべてあなた次第だと夫は私にいつも言っています。

第二子は漏さんの姓を継いでもいいと義父母から了承を得ているが、漏さん自身は第二子を産むかどうかまだ迷っていると述べる。その理由は以下のとおりである。

第二子を産むかどうかは、まだ迷っています。長女を妊娠したときにつわりがひどくて、五カ月間ずっと吐いていました。また、出産のときも自然分娩の予定でしたが、うまくいかなくて途中から帝王切開に急遽変更したことも、いまだに心に影を落としたままです。

また、出産後に自分の時間をもてなくなることも第二子の出産をためらう理由の一つになっている。

第二子を産むかどうか。それを決断するには時間が必要です。現在、長女の面倒を母がみてくれていますので、私はまだ自分の時間をもてます。しかし第二子が生まれたら、二人とも母に任せることはできません。そうなると、私の自由時間を犠牲にするしかありません。母親として家庭の責任を考えないといけません。私自身は自由でいることが好きですが、子どもが二人もそばにいたら、自由時間をまったくもてなくなります。現在の計画では娘が幼稚園に入ったら、両親と同居している杭州から紹興市に住まいを移すことを考えています。そうなると紹興で私自身が娘の面倒をみないといけません。

それ以外に、経済的な負担も理由になっていると漏さんは打ち明ける。

また第二子を出産したら、時間もさることながら、お金もかかります。私たち夫婦だけで二人の子どもの面倒をみることはできませんので、家政婦を雇って子どもの面倒をみてもらう必要があります。つまり第二子の出産で、経済的負担と時間的負担が大きくなります。

ただし、漏さんによれば、仕事は今後も継続する予定である。

仕事は今後も続けるつもりです。長女が幼稚園に入ったら、朝八時から夕方四時まで幼稚園で預かってもらえます。私の仕事は比較的フレキシブルなので、朝に娘と一緒に家を出て、夕方幼稚園に娘を迎えにいき、一緒に自宅に帰ることができます。

この事例は、女性対象者が生家の後継者の要請に応え、自ら夫に交渉をもちかけ、夫と義父母から第二子が仮に男児だとしても、対象者の姓を継承していいと承認を得ることができたものである。

しかしながら、対象者は経済的負担と時間的負担が大きいという理由で第二子の出産に躊躇していることがインタビューの結果、判明した。

二〇二一年に追跡調査をしたとき、漏さん一家はすでに実親の家を出て、紹興市内のマンションに引っ越していた。現在漏さんは夫と幼稚園児の娘との三人暮らしである。漏さんはいまも父親が経営する会社に勤務していて、家庭の状況に合わせて就労時間を短縮したり、日常的に実母から食事の用意をしてもらったりとサポートを得ながら、幼稚園に通う娘の面倒を自身でみている。新型コロナウイルスの感染拡大の影響を受け、繊維産業を取り囲む国際市場がさらに厳しくなったことをきっかけに、夫が会社の経営にこれまで以上に専念せざるをえなくなった。こうした経済的にも不安定な状況が続くなかで、現在漏さん夫婦は第二子の出産を考えていないと言う。

事例３――生家の要請を部分的に受け入れる陳馨さん

陳馨さんの第一子は娘である。娘は夫方の姓を継いでいる。娘の子育ては義母が中心におこなっている。第二子の出産は実父から要請されているが、第二子の姓について実父の考えと陳さんの考えとの間では異なっている部分がある。

仲人が夫のことを紹介したとき、両家の親の間では、将来生まれてくる子どもの姓に関する交渉はしなかったが、陳さんと両親の間では話し合ったことがあると陳さんが述べる。

仲人から夫を紹介されたとき、将来生まれてくる子どもの姓については夫方親と交渉したことはありませんが、我が家ではもし子どもが二人生まれた場合、そのうちの一人にはうちの姓〔我が家の姓、中国語で「我们家的姓」：引用者注〕を継いでほしいと話し合ったことがあります。ただしこれには前提条件があります。つまりそれはもし第一子が娘で、第二子が息子ならば、第二子の息子は必ず夫方の姓を継ぐという条件です。

第二子の姓について、陳さん自身は次のように考えている。

第二子の姓は、夫方の姓を継ぐべきだと考えています。もし第二子も娘なら、私の姓を継ぐかもしれません。もし息子なら、絶対に夫方の姓を継ぐべきです。そうなった場合、長女の姓を夫方の姓から私の姓に改めてほしいと父から言われていますが、私は絶対改姓させません。

「もし第二子が息子の場合、陳さんの姓を継ぐよう実父から要求されないのか」という筆者の質問に対しては、陳さんは笑いながら次のように答えた。

父はそこまでの妄想はもっていないはずです（笑）。一般的には自分の姓を継ぐ子ども（孫）がほしいと考えられていますが、男子後継者をほしいとまでは父は言っていません。しかし第二子が息子ならば、長女の姓を私の姓に改めてほしいと父が言ったことはあります。でも私は、そのようなことはありえないと断りました。

このように子どもの姓に関しては、陳さんが実親と異なった考えをもっていることが明らかになった。それに加え、陳さんの夫はどちらとも異なった考えをもつ。すなわち、子どもの姓に関しては妻方の姓を継がせてもいいと考えているようである。

うちの両親はこうした考えをもっていますが、夫は子どもの姓に関しては無頓着で、全然気にしていません。彼は子どもが二人とも私の姓、つまり陳を継いでもいいし、また一人っ子の場合だとしても私の姓を継いでもいいと言っています。

そして、第二子の出産について、陳さんが積極的にすぐにでも出産したいという希望をもっていたが、義母からそれを婉曲的に断られたそうである。その理由は、以下のとおりである。

四人の親のうち、義母だけが退職していますが、ほかの三人はみんなまだ仕事をしているため、現在長女の面倒は基本的に義母がみてくれていて、私はあまり子育てには関わっていません。[27]ところが子どもの世話が大変なためか、義母の健康状態が悪化しています。今年の初め、私は第二子を産みたいと両家の親に意思表示をしました。彼らは私の意見を尊重し、賛成してくれました。しかし、旧正月が明けてから義母が体調を崩し、腰痛が前よりもひどくなりました。彼女は婉曲的に、しかしはっきりと私たちにこう言いました。もし息子を生むために努力をしているなら、そのような無駄な努力はしないでほしい。私たちが第二子を出産するかどうかなんて、全然気にしていないと。

つまり義父母は、第二子の出産や男児の出産に関しては、全然こだわっていないということです。彼らは女児のほうが好きだと私の出産前からずっと言っていました。最初から現在に至るまでそのようにずっと言ってきましたし、特に義父が溺愛といってもいいほど、娘を大事にしてくれています。

義母から出産を止められた陳さんは出産計画を変更したが、いまでも彼女は第二子を出産する希望を持ち続けている。

義母からそう言われた以上、考え直さないといけません。いまは来年か再来年に子どもを産みたいと考えています。義母は、今年は体調が悪くて子どもの面倒をみられないと言っていますし、実母はまだ退職していませんので、（子育てをしてくれる人がいないという）現実の問題に直面しています。そういうことで第二子の出産予定を少し先に延ばすしかありません。とはいえ、私の考えとしては両家の親から反対されたわけではなく、そして私がまだ出産できるなら、絶対第二子を産みたいです。仮に計画を少し先延ばしすることになったとしても。

「なぜそこまで第二子の出産にこだわるのか」という筆者の質問に対しては、陳さんは以下のように説明する。

ともかく娘は、または息子が生まれたならばその息子も、夫方の姓を継ぐべきです。正直に言うと、娘の養育に関して義親のほうが私の実親よりも多くの力を尽くしてくれました。娘が生まれてからずっと義父母が面倒をみてくれています。一方、うちの両親は週末、または彼らが暇なときにだけ娘の面倒をみていたのにすぎません。だから、私は義父母にもっと多くの子孫を産んであげたいんです。私は確かにこのような考えをもっています。また最も重要なのは、私自身がやっぱりまた子どもを産みたいのです。

この事例は女性対象者が実父から自らの姓を継ぐ第二子の出産を要請されていて、第二子が女児なら実父の姓を継いでもいいとして生家の後継者獲得に協力する一方、男児なら絶対に夫方の姓を継承すると主張している。つまり対象者は嫁役割を優先し、夫方の子孫、とりわけ男子子孫をもうけようとしているのである。また対象者はこのような自身の行動について義親が実親より子どもの面倒をよくみてくれたからだと説明しているが、義父は大手国営企業の幹部であり、生家以上に婚家の経済力と社会的地位が高いこともその一因ではないかと推測できる。

陳さんは希望どおりに、二〇二二年十月に次女を出産している。実父から特に実父の姓を継いでほしいという要請がなかったため、次女も長女と同様に夫方の姓を継いでいる。

タイプ2――生家の要請を拒否し、嫁役割だけを遂行

事例4――夫との対立を避け、生家の要望を断る俞莹莹さん（茅麗麗さん、黄朱鴻さんも同様）

俞莹莹さんの第一子は息子である。妊娠初期から実親と同居し、実親が中心に子育てをしている。第二子の出産については、実親から要請されていて、また婚前に第二子は妻方の姓を継いでもいいという承認を得ていた。しかし、現在夫の反対にあい、第二子の出産を断念したと俞さんは次のように語る。

夫との縁談が進んでいたとき、夫には妹がいるため、一人っ子政策が実施されていた当時、私たちには二人目の子どもを産む資格はありませんでした。ただし結婚して息子が生まれたあと、すぐに一人っ子政策から二人っ子政策に変わったので、両親は夫の実家に出向き、第二子が生まれたら、うちの姓を継いでもいいかと当時健在だった夫の祖母に相談し、そこで祖母から承認を得ていました。おそらく縁談のときにも、この件についてすでに祖母と話し合ったことがあると思います。

ただ、いま祖母がもう亡くなっていて事情が変わったため、夫は第二子が私の姓を継ぐことに反対すると思います。それは夫がとても伝統的な考えをもっているからですが、特に問題はありません。というのも、私たちは第二子にうちの姓を絶対継いでほしいとは考えていないからです。どうしてもうちの姓を継ぐ子どもがほしいというわけでもありません。

女性対象者は夫の気持ちをくみ、夫との対立を避けようとしているが、他方で生家の姓を継ぐ子どもをほしがっている祖父母と父親の気持ちもはっきりと把握していることが、以下の語りから読み取れる。

祖母はとてもいい人で、考え方も進んでいます。義理の両親も特に問題はありません。私はもう息子を産んでいるので、正直に言うと、嫁としての任務、つまり子孫をもうけるという任務はもう達成しています。だから特に問題はありません。現時点では第二子の出産を予定していません。もうあまり産みたくありません。

一方、実母は私が娘をもったほうがいいと考えています。というのも、娘は親と仲がいいからです。でも私自身は娘をもつことをあまり気にはしていません。もし、私の祖父母が生きていたならば、きっとうちの姓を継ぐ子どもをほしいと言うでしょうね。父の兄にあたる伯父の娘〔すなわち、対象者のいとこ：引用者注〕は婿入り婚をして、祖父の姓を継いでもらいたいと祖父がいとこの結婚相手にお願いしましたが、結婚相手に婿入り婚を断られました。だから私たちの姓を継ぐ子孫はいません。伯父にも娘しかいません。そのため両親に女児の私が生まれたとき、祖母はがっかりしたそうです。

父は特に私に婿入り婚をしてほしいとは言いませんでした。多分いとこの姉が婿入り婚をできなかったので、私にも要求できなかったのだと思います。父はおそらくそうしてほしかったのでしょうけど、言わなかっただけだと思います。ただ、今後もし可能ならうちの姓を継ぐ子どもがいたらなと父は願っていると思います。父の友人で父と同じく公務員をしている人の家庭は実際そうでした。娘さんは一人っ子同士で結婚し、二人の子どもを出産して、そのうちの一人は娘婿の姓を継ぎ、もう一人は娘さんの姓を継いでいます。うちの親も同様の希望をもっているはずですが、特に私にプレッシャーをかけるということはありませんでした。だめなら仕方がありません。

夫が第二子に妻方の姓をつけることに反対していることを知ったきっかけは、ほかの家族の話になったときだと俞さんは語った。

この事例は、女性対象者は祖父母や父から生家の姓を継ぐ第二子の出産を期待されているが、夫の反対にあったため、夫との対立を避けて、自ら第二子の出産を断念した。対象者は男子後継者がいない祖父母と父からの、後継者を出産してほしいという期待を把握しているが、跡取り娘役割と嫁役割との対立を避けるために、嫁役割を優先したのである。

俞さん以外に、夫の反対によって妻方親からの後継者出産要請を拒否したのは、茅麗麗さんと黄朱鴻さんである。この二つの事例は婚前協定がなく、第一子出産後に妻方親から妻方の姓を継ぐ第二子の出産を要請されるが、夫の反対を受けて、女性対象者たちは第二子の出産要請を断念するように実親を説得したと言う。

事例５――父系親族規範に従い、自ら実親を説得する邵青青さん

邵青青さんの第一子は娘である。子育ては義母が中心におこなっている。結婚前も第一子出産後も実親から第二子に女性対象者の姓を継いでほしいという要請があったと語る。

「結婚したときに、子どもの姓について話し合ったことがあるか」という筆者の質問に対しては、邵さんは次のように答えた。

これについて私たちは話し合ったことがあります。当時もし子どもが二人生まれたら、第二子にはうちの姓を継いでほしいと両親から言われました。私個人の考えでは、二人の子どもの姓を別々にするのは、あまりよくありません。それで両親とよく話し合いました。両親も私の見解に賛同してくれました。私はもし第二子が生まれても、夫方の姓を継ぐべきだと考えていて、二人の子どもの姓を異なったものにはしたくありません。

私の周りには何人かの同性の友人がいますが、彼女たちは妻方の姓を継ぐ子どもがほしいと両親から言われたそうです。そのなかでも妻方の姓をどうしても残したい場合は、婿入り婚をした事例もありました。ただ、私たちはそこまでうちの姓を残すことにこだわってはいません。両親もうちの姓を継ぐ子ども（孫）がほしいと言えばほしいのですけど、やっぱり私たちの意見を優先して、尊重してくれました。

第二子の姓について、夫は特にこだわっていないが、義理の両親にまだ相談したことがないと女

性対象者は言う。

夫に以前第二子は我が家の姓を継いでもいいかと相談したことがあります。彼は特にこだわりはありません。そうしてもかまわないと言いました。ただしこの件について、私はまだ義父母と話し合ったことがありません。だから彼らがどう考えているかは本当のところはわかりません。どうしても第二子に私の姓をつけたいと私が主張したら、義父母はきっとそうさせてくれると思います。

一方、女性対象者は第二子の出産を主に実親から要請されているそうである。

義理の両親と夫からは現時点で特に第二子の出産を催促されていませんが、母から第二子をもうじき産んでもいいのではないかとよく言われます。父は直接それを私に言ってきませんが、でも母を通じて私に言ってきます。

二〇一九年調査時に第二子の出産に関して迷っていた邵さんは、その理由について以下のように説明している。

第二子の出産に関しては家族のなかで私がいちばん迷っています。現在平日の昼間は義母が、一方週末は私の両親が娘の面倒をみてくれていますが、夜は私が娘の面倒をみないといけないので、それはやっぱりとても疲れます。そして週末はずっと私は娘の付き添いをしないといけません。そのため自分の時間は、なかなかもてません。子どもはとてもかわいいので、もう一人産んでもいいけれども、そうすれば自分の時間がますますもてなくなります。これから何年間、自分の時間と空間をもつ自由がなくなるのでしょうか。

二〇二一年に長男を出産した邵さんは、長男に夫方の姓をつけたと言う。その理由は、義父母の不満や両家のトラブルを防ぐためだと説明する。

この地域では子どもが二人生まれたら、一人は父方の姓を継ぎ、もう一人は母方の姓を継ぐことが多いです。でも私自身は二人の子どもに同じ姓を継いでほしいです。きょうだいが別々の姓だと不自然に思います。そして、実親は第二子にうちの姓を継いでほしいという気持ちはありますが、それほどこだわってはいないようです。また、長男に夫方の姓をつけた最も大きな理由は第一子が娘で、第二子は息子という組み合わせだったからです。息子に私の姓、つまり嫁方の姓をつけることは、おそらく義理の両親からも、また夫からも賛同を得られないと思います。

だから息子が生まれたとき、もう姓の話をせず夫方の姓をつけました。第二子の息子に母である私の姓をつけるのは、そう簡単ではありません。また娘を改姓して、夫方の姓から私の姓に変更して、息子に夫方の姓をつけるということは、できるかもしれませんが、面倒なので結局はしませんでした。娘の改姓は結構面倒なので……。

この事例では、女性対象者は結婚前も第一子出産後も生家の両親から後継者の出産を要請されているが、第二子が妻方の姓を継ぐことに対して夫がすでに賛同しているだけでなく、義父母からも賛同を得られる可能性が高い。しかしそれにもかかわらず、対象者は自身に内在している父系親族規範、特に婚家のために後継者、とりわけ男子後継者を出産する嫁役割規範に依拠し、自ら生家の後継者獲得要請を拒否して、嫁役割に徹したのである。

タイプ３――女性対象者自身の希望を優先し、親の後継者出産要請を拒否または親と協議

事例６――子どもを後継者と見なす父に反発し、協議する沙青洲さん

沙青洲さんの第一子は息子であり、子育ては義母が中心におこなっている。沙さんが息子を出産したあとに、実父から自らの姓を継ぐ第二子の出産を要請されたと述べる。

最初の子どもが夫方の姓を継ぐのは、何の問題もありません。私の最初の子どもは息子なので、中国の伝統に従うと、「伝宗接代」〔家系を残す後継者をもうけること：引用者注〕という責任を、私はもうすでに達成することができました。夫方の後継者はもうできたため、第二子を授かったらその子にうちの姓を継がせてもいいかと父から言われました。（略）。義父母にはま

だ話していませんが、父からの提案を夫に相談したことがあります。夫はそれにはまったく問題がないと言ってくれました。ただし、現在私たちは第二子をもうけることをあまり考えていません。

このように夫は第二子が妻方の姓を継ぐことに賛成してくれているが、沙夫婦は現段階では第二子の出産を考えていない。その理由として、女性対象者はまず経済的な要因を挙げている。

経済的に問題がなければ、私たちは第二子がほしいです。しかし、現在の私たちの収入で第二子を出産したら、第一子の教育をはじめとする子育ての環境が悪くなってしまうので、もう一人産むかどうか迷っています。私は公務員で給料はそれほど上がらないため、第二子を産むかどうかは夫の今後の収入次第です。もし彼の収入が増え、第二子の費用を負担できるなら私は産むし、そうでなければもう子どもを産みません。

それ以外に、沙さんは次のような心配事を抱えていることがわかった。

もう一つの心配事があります。子どもたちが夫方と私の姓をそれぞれ継ぐことは、子どもたちに悪い影響を及ぼすのではないかということです。具体的には両家の祖父母が子どもたちに異なった接し方をしないかという心配です。

実は私の周りにはこのような心配事をもつ友人が多いです。第二子を出産できる政策になってから、子どもを二人産めるので、第一子が息子ならば、第二子は妻方の姓を継いでもいいだろうかと一人娘家庭の実親は提案してきます。しかし姓が異なると両家の祖父母は子どもたちに異なった態度で接してくるのではないかと私たちは心配しています。最初の子はどちらの祖父母からもかわいがられていたのに、第二子が生まれたら、どちらかの祖父母からあまりかわいがってもらえなくなるのではないかと、私はつい気にしてしまいます[28]。

また、昔のように男尊女卑という状況に戻ったりしないかも心配です[29]。これは子どもの精神衛生によくありません。周りの友人はみんな似たような状況に遭遇していて、第二子の出産に躊躇している人も多いです。

特に夫方と妻方の経済的状況が異なった場合、きょうだいなのに異なった環境になるのは……。この点を父に話したら、父は即座に姓を継ぐ子どもに財産を残すと言いました。私たちの親戚でも第一子は夫方の姓を、第二子は妻方の姓を継いでいる家族がいます。もしこうなった場合、それは子どもたちにとって公平ではないと私は思います。

沙さんは実父のこの考え方には賛同できないとし、第二子を出産する前に父と協議する必要があることに言及している。

財産を姓の後継者に残すという考えには私は賛同できません。私が第二子を産む場合、この点について父と事前に協議する必要があります。父の財産を全部私に渡すこと、その後子どもにどう分けるかは私次第です。もし姓を継ぐ子どもに財産を渡すなら、私はもう子どもを産みません。子どもを産む前に、この点はしっかりと父と協議し、はっきりさせておかないといけません。

沙さんは父の考えに賛同できない理由として、以下のように説明する。

　二人の子どもが両家の祖父母から異なった扱いを受けるのは、私には受け入れられません。また、将来一人は父方の子孫、もう一人が母方の子孫になるのは、よくないと思います。彼らはきょうだいで最も親しい間柄なのに、一人はうちの子、もう一人は夫のうちの子として区別するというのは、あまりよくありません。

　しかし、姓を継ぐ子どもに財産を残すと私は父からはっきりと言われました。つまり父はそれをとても気にしていると思います。だから父はきっと私の二人の子どもに対しては違う態度で接してくると思うのです。その場合、父の態度によっては子どもを傷つけることになります。私自身の考えでは、子どもたちが将来、親である私たちがこの世からいなくなったとしても、きょうだいという親しい人間がまだこの世にいると安心できるからという目的で、私たちは第二子を産みます。しかしもし、きょうだいの仲が悪くなるようなことがあるなら、そもそも第二子を産む理由がありません。

また、同様の状況に置かれている友人のことについても、沙さんは言及している。

> 同じような心配事を共有している友人が何人もいます。紹興市出身の人は、第二子が母方の姓を継ぐのは婿入り婚だという感覚をもつので、第二子が嫁方の姓を継ぐことに義父母はどうしても納得できないと反対しています。しかし友人の両親は自分たちの姓を継ぐ第二子をほしいと言って譲りません。結局、友人たちは第二子をもう産まないと言っています。うちの義父母はこの点ではとても先進的な考えをもっています。彼らは紹興の人ではなく、新疆からきた人たちですからね。夫も義父母も子どもの姓に関してはそれほどこだわっていません。

このケースでは、子どもを姓の後継者、財産の相続者と見なす実父に対して、女性対象者は子どもがもつ情緒的絆——親子間の絆ときょうだい間の絆——を重視していること、そして父親の権威に対して自らの考えを主張し、親世代と協議する姿勢をみせていることが確認できた。さらに、当該地域では後継者獲得をめぐって夫方と妻方が対立し、一人っ子世代の友人が第二子の出産を断念する事例にも対象者は言及している。

事例7——生家からの出産要請に対して、取り合わない田唯唯さん

田唯唯さんの第一子は息子であり、これまで主に義母から子育てのサポートを受けてきた。現在、

生家の祖母から第二子の出産を催促されている。

第二子については義父母はきっとほしがっていると思うが、私の両親は特に考えていません。仮に息子がもう一人生まれたとしても、義父母は気にしないと思います。義父母は住宅を複数軒もっているので、将来子どもたち——義父母にとっては孫たち——が結婚するための住宅を十分に提供できるからです。[30]

それでも田さんは、第二子をもうけることを考えていないと言う。その理由は次のとおりである。

もし、最初の子どもが娘ならば、きっと義父母は第二子を産むことを私たちに要請するでしょうね。彼ら農村の人はこのような考えをもつのが自然です。特に年配の人たち、私の祖母を含めて、彼らはずっと私たちに第二子の出産を催促しています。私の祖母は私の姓、つまり田を継ぐ子どもを産んでほしいとずっと言っています。

生家の祖母から第二子の出産を催促されていることに対して、田さんは次のようにコメントする。

ずっと催促されていますが、私たち夫婦は聞き流しています。子育てを基本的に私が担当しています。[31]私の個人の時間、私が自由に使える自分だけの時間は、いまでもとても少ないです。

夜に外出したくても全然できません。というのも、子どもが私たちと一緒に就寝するからです。子どもがだんだん大きくなってきたので、そろそろ別の部屋で寝てもらわないといけないと思いますが、それでも夜はいつも勉強の監督をしないといけませんし、また各種の習い事もありますし。そのため自分の時間が本当に少ないです。

この事例では、女性対象者がすでに婚家のために男子後継者をもうけたため嫁としての役割を達成したと捉えていること、また子育ての責任の重さから自分自身の時間を確保できないという理由で、生家からの跡取り娘としての役割要請を拒否しているのである。

事例8――実親から生家の後継者の出産を要請されるが、もう出産はこりごりだと言う盛吉麟さん

盛吉麟さんの第一子は娘である。夫方親と同居していて、昼間盛さんが勤務している間、義父母から子育てのサポートを全面的に受けている。

子育ては大変ですし、私自身は子どもがあまり好きではありません。実親はもう一人子ども（孫）をほしいという態度をはっきりと表明していて、もし第二子を産まなければ、親子関係を絶縁するとまで言っています。

実親は、現在中国政府は第二子の出産を奨励しているし、自分たちも孫がほしいと言っています。さらに親としてのあなたたちの将来、つまり年老いたときの扶養と介護のためにも、第

二子を産んだほうがいいと言っています。特に実母は私の父の姓を継ぐ子どもがいなければ、私たちの家系はこれで断絶する（「断子絶孫」）と言っています。この考えは、本当に古くさく、時代遅れです。

「伝宗接代」だって、娘には私の血統も私のDNAもしっかりと受け継がれているのに。何しろ私は子どもが好きではありません。娘は幼かったころ、ずっと泣いてばかりで、ひどかったのです。育てにくかったです。私だけの意見ではありませんよ。実母も、義母も、同じことを言っています。このように育てにくい子どもを見たことはないそうです。

子どもが生まれてから、私たちはいままでの生活を変えないといけなかったけれども、それにうまく適応できないことも多かったです。私のような明るい性格の人でさえ産後鬱になったくらいでした。産後の養育体験はひどいものでした。

娘が生まれたとき、特に体が弱かったというわけではありませんでした。しかしずっと泣いてばかりでした。お腹が空いてもいないし、おしっこやうんちをしたわけでもありませんでした。紹興市にあるあらゆる病院に連れていき、全部検査をしてもらいました。なんの病気もなく、なんの問題もありませんでした。しかし娘はずっと泣いていました。娘の泣き癖を医学で解決できなかったので、迷信で解決しようともしました。それでもうまくいかなくて、娘は泣き続けました。最初の三カ月間は一時間ごとに起きてきて、ずっと泣いてばかりで大変でした。私はほとんど寝られませんでした。

もちろん、夫は夜一緒に子どもの面倒をみてくれましたし、昼間は義親が子どもの面倒をみてくれました。その後は状況が徐々に改善され、現在娘はもう幼稚園に通えるようになりました。私にとって出産は順調でしたが、産後の養育はひどい体験でしたので、もう出産はこりごりです。

この事例では、女性対象者の盛さんは実親から実父の姓を継ぐ後継者の出産を要請されているが、子どもが好きではないうえ、産後鬱になった体験があったため、もう第二子の出産をしたくないと考えているのである。さらに、家系の姓を継承するための子どもの出産という考えは、時代遅れの古くさい考えだと盛さんは捉えている。

タイプ4――跡取り娘役割だけを遂行

事例9――生家の社会的・経済的地位が高く、第一子の長男が妻方の姓を継いでいる周玉玲さん

周玉玲さんの結婚は、周さんの生家と夫の生家の社会的・経済的状況が大きく異なるため、周さんの実母から反対されていた。夫との結婚を望んだ周さんはまず実父を説得し、実父からの応援を受けてようやく実母を説得することができた。最終的に、娘が出産した子どもは妻方の姓を継ぐという結婚条件でようやく、周さんの実母から結婚の承諾を得ることができたという。

周さんは二〇一九年に第一子である長男を出産し、実親と同居し、実親から子育てのサポートを得ている。長男は周さんの姓を継いでいる。また、二三年八月に追跡調査したときに、第二子を妊娠していた。第二子も周さんの姓を継ぐ予定である。

実母から第二子の出産を要請されていました。私自身は娘をほしいと思っていました。しかし第二子も息子である可能性が高いことを考えて、第二子を出産するかどうか迷っていました。現在長男はとても自立した子どもに育っているため、もう一人を出産しても大丈夫かなと思いました。

第二子の姓については、結婚条件では私の姓を継ぐことになっています。実は途中から実母は義親の立場も考えないといけない、夫方にも子孫が必要ですので第二子は夫方の姓を継いでもいいと言っています。つまり母は自身がつけた結婚条件を変更させて、夫方にも子孫を残そうとしています。しかし、私は子どもに夫方の姓を継がせることを考えていません。義父母とは極力関わらないようにしています。義父母の口癖や生活習慣はあまり感心しません。義父母の習慣を子どもらに身に付けてほしくありません。

たまに実父から週末に義父母を訪ねてみたらどうかとか、中秋節と旧正月には義父母をこちらに招待してみたらどうかとか催促されます。義父母との付き合いはそれくらいですね。私から義父母と積極的に関わるようなことは少ないです。

夫自身も実家にあまり近寄らないくらいです。また、彼は第二子の出産にそれほど熱心ではありません。夫はもっと仕事に専念したいそうです。そして、彼は子どもの姓に関してはそれほど関心を示していません。

ただ、第4章で紹介したように、周さんは自身の結婚を婿入り婚ではなく嫁入り婚だと認識している。その理由は、夫が結納金を支払い、嫁入り婚の形式をとったためである。また、周さんの長男は周さんの姓を継いでいるにもかかわらず、両家の祖父母を同じく「爷爷奶奶」（父方の祖父母に対する呼称。母方の祖父母は「外公外婆」と呼ぶのが一般的である）と呼んでいる。

この事例は両家の社会的・経済的な格差が大きく、結婚自体が実母から反対されたものである。女性対象者は夫が結納金を支払ったため、自身の結婚は嫁入り婚だと明言しながら、実親と同居し、子どもも母方の姓を継いでいる。また途中から実親は第二子を夫方の後継者にしてもいいと当初の結婚条件を変えて、夫方の後継者獲得ニーズに配慮をみせてもいる。しかしそれに対して、対象者は義父母の生活習慣や口癖という家庭文化、または階層に付随する文化に感心しないと言い、子どもたちへの影響を最小限に抑えようとしている。さらに夫自身が第二子の出産自体にそれほど熱心ではなかった。また第二子の姓に関してもあまり関心を示していない。それは夫自身が第二子をもつことに関しては積極的ではなかったと読み取れる。

以上の分析結果を踏まえると、この事例は妻の生家の社会的・経済的地位の高さが妻方の後継者獲得を有利にしたものであり、一人娘の周さんは嫁役割よりも跡取り娘の役割を優先し、次世代の社会的地位の上昇を目指しているのが見て取れる。また、周さんの夫や義親が夫方の後継者の獲得にこだわりをみせるよりは、むしろ次世代の社会的地位の上昇という目標に同調していると読み解くことも可能だろう。

おわりに

ここまでの考察をまとめると、婚家と生家の両方から後継者の出産を要請される一人娘である女性対象者は、自らの希望を通しながらも、国家の人口政策の影響を受けて、父系親族規範のもとで婚出した女性としての嫁役割と、一人娘としての跡取り娘役割に応えようとしている。また、父系親族規範は親世代にも対象者世代にも内面化されていて、どちらの世代もその規範に適応していることが、本章の考察から浮き彫りになった。

本章で分析した四十人の対象者が出産した四十人の第一子のうち、三十七人（九二・五パーセント）は夫方の姓を継いでいて、ここから子どもが父系親族に帰属するという原則が維持されていることがうかがえる。他方、第二子の姓の継承に関しては、十四人のうち、八人が夫方の姓を、六人が妻方の姓を継承している。結婚前に交渉して第二子を妻の生家の後継者にする承諾を得ている事例は、四十件のうちの五件だった。また第一子出産後に、妻方の後継者の出産要請があったのは、四十件のうちの十三件であった。すでに妻方の後継者獲得に成功しているのは二件（曹霞さんと柴从容さん）、第二子が妻方の姓を継承することに対し、夫または夫方親から合意を得ることができたのは四件（漏静泊さん、陳馨さん、沙青洲さん、黄雅霞さん）である。ここから、生まれた子どもが夫方に帰属するという夫方の既得権益が基本的に保証されてはいるものの、妻方から交渉を持ち込まれた際には、第二子を妻方の後継者にすることに夫方が妥協し、譲歩していることがうかがえる。

このことは一見すると父系親族規範の弛緩ともみえるが、しかし妻方からの要請もまた、実は同様に父系親族規範に基づいた後継者獲得の行動である。つまり妻の生家も家系の後継者が必要であるため、唯一の子どもである一人娘を跡取り娘と見なし、跡取り娘を介して自らの後継者を獲得しようとする。前述したようにかつては娘しかいない家庭は、同じ父系ラインから男性を養子に迎えたり、婿入り婚を介して後継者を獲得したりして、家系の継承を成功させてきた。しかし一人っ子政策で子どもの数が減少したうえに、娘しかいない家庭が大量に出現したため、これらの方法が採用できなくなった。したがって妻方親は一人娘に跡取り娘の役割を求め、生家の後継者の出産を要請するようになったのである。要するに妻方からの後継者の出産要請は、紛れもなく父系親族規範に基づいた行動である。同じく父系親族規範のもとで、後継者を獲得しようとする夫方のニーズと妻方のニーズが交渉を経て、夫方が既得権益の一部を手放すことによって、妻方のニーズも一部認められ、両家の後継者獲得ニーズがともに満たされたのである。これは父系親族規範の弱まりというよりは、むしろ父系親族規範が男子後継者の不足という人口的状況に合わせて柔軟に適応していると捉えるほうが妥当だろう。

さらに父系親族規範は女性対象者の親世代だけに根付いているのではなく、女性対象者である娘世代にも内面化されていることが調査で明らかになった。婚家と生家の両家に出産を求められ、嫁役割と跡取り娘役割の調整を余儀なくされる女性対象者の反応を詳細に分析した結果、まず女性対象者のほぼ全員が婚家のために後継者をもうけるという嫁役割を遂行していることがわかった。次に、嫁役割と跡取り娘役割の調整に関しては、多くの女性対象者が婚家のために子孫をもうけるという嫁役割を優先していることも確認できた。女性対象者の第一子のほとんど（四十人のうちの三十七人）は夫方の姓を継承していて、さらに第二子の姓をめぐる交渉に関しても、父系親族規範を体現しているといえるだろう。それはすでに指摘したとおり、生家の要請に協力しながらも婚家の利益を優先する陳馨さんと、夫の反対で生家の姓の継承を断念した俞莹莹さんと茅麗麗さん、黄朱鴻さん、さらに自ら生家の要請を拒否した邵青青さんの事例に顕著にうかがえる。彼女らは子どもが父系親族に帰属すること、そして婚出した女性は嫁として婚家のために後継者をもうける嫁役割を優先することなど、父系親族規範を体現しているのである。また、生家の後継者出産要請に賛同する義父母の行動を「先進的」と高く評価する一方で、紹興市の一般的な義父母は息子夫婦の子どもを夫方に帰属する存在と見なし、嫁方の姓を継ぐことに反対するものとして女性対象者は理解している。ここから一人っ子世代の女性対象者は、父系親族規範を内面化し、その規範に従いながら、自らの行動や周りの人々の言動を解釈しているといえるだろう。

ただし、一人娘として親から愛情と資源を独占的に受け取り、また結婚後も一貫して実親から子育てサポートを受けてきた女性対象者のなかには、実親からの強い要請を受け、自らのキャリアを一時中断し、両家の後継者獲得に協力する者もいる。実際、生家の姓を継承する子どもを出産した対象者（曹霞さん）、第二子の出産や子育てに迷いながらも、夫や夫方の親に生家の出産要請や姓の継承要請を伝え交渉し、夫または義父母から賛同を得る者（漏静泊さん、沙青洲さん）も確認できる。また、対象者の一部は、女性自身の希望——キャリアの継続、自分自身の時間と空間の確保、子どもとの情緒的な絆の重視——を優先することで、親世代の権威に抵抗するため、自ら積極的に交渉していることも明らかになった。つまり、一人っ子であることは親子の絆を強め、娘に親の要請に応えることを促す一方、子世代の発言力を高め、親世代と交渉する余地を作り出しているのである。

以上、本章では父系親族規範の弱まりや崩壊ではなく、むしろ反対にその規範が内面化され、維持されているという現象を明らかにした。父系親族規範は一人っ子世代にも内面化されていて、人口学的状況にフレキシブルに適応していることが浮き彫りになったといえるだろう。

注

(1) 夏桂根「吴江市第一代独生子女婚育状况调查报告」「人口与计划生育」二〇〇一年第三期、人口与计划生育杂誌社、三九—四一ページ、庄孔韶/張静「〝并家婚〟家庭策略的〝双系〟实践」「貴州民族研究」第四十巻総第二百十七期、貴州民族研究院、二〇一九年、四一—四五ページ、王欣/馬流輝/伍嘉冀「農村独生子女家庭的現代権変与制度隠忧——以蘇北魚村〝一子两挑〟的家庭為例」「吉首大学学報(社会科学版)」第三十八巻第一期、吉首大学、二〇一七年、一三七—一四四ページ

(2) 前掲『中国家族法の原理』

(3) Stacey, *op. cit.*、前掲『娘家与婆家』

（4）Wolf, *Women and the Family in Rural Taiwan*、前掲『娘家与婆家』

（5）Fong, *op. cit.*、前掲『个体家庭 iFamily』

（6）前掲「中国的男孩偏好和婚姻挤圧」一―八ページ

（7）Yan, Yunxiang, *Private Life under Socialism: Love, Intimacy, and Family Change in a Chinese Village, 1949-1999*, Stanford University Press, 2003, Shi, Lihong, *Choosing Daughters: Family Change in Rural China*, Stanford University Press, 2017.

（8）Yan, *Private Life under Socialism: Love, Intimacy, and Family Change in a Chinese Village, 1949-1999*, Shi, *op. cit.*

（9）O'Neill, Patricia, *Urban Chinese Daughters: Navigating New Roles, Status and Filial Obligation in a Transitioning Culture*, Palgrave Macmillan, 2018.

（10）前掲『个体家庭 iFamily』、Liu, *Gender and Work in Urban China: Women Workers of the Unlucky Generation*.

（11）前掲「呉江市第一代独生子女婚育状況調査報告」三九―四一ページ、前掲『个体家庭 iFamily』

（12）黄亜慧「蘇南地区的并家婚姻考察」「中国青年研究」二〇一四年第十一期、中国青少年研究中心・中国青少年研究会、二四―二八ページ、前掲「〝并家婚〟家庭策略的〝双系〟実践」四一―四五ページ、前掲「農村独生子女家庭的現代権変与制度隠忧」一三七―一四四ページ

（13）前掲「呉江市第一代独生子女婚育状況調査報告」三九―四一ページ、前掲「〝并家婚〟家庭策略的〝双系〟実践」四一―四五ページ、前掲「農村独生子女家庭的現代権変与制度隠忧」一三七―一四四ページ

（14）王躍生「城市第一代独生子女家庭代際功能关系及特征分析」「社会」二〇一七年第三期、上海大学、

二七—五九ページ

(15) 父方と母方の姓を一文字ずつ取り、複合して姓にすること。

(16) 許琪「随父姓、随母姓还是新複姓——中国的姓氏変革与原因分析(1986-2005)」「婦女研究論叢」二〇二一年第三期、中国婦女研究会、六八—八七ページ

(17) Eklund, Lisa, "Filial Daughter? Filial Son? How China's Young Urban Elite Negotiate Intergenerational Obligations," *NORA: Nordic Journal of Feminist and Gender Research*, 26(4), 2018, 前掲「当代城市青年夫婦生育意愿与生育行為探析」九九—一〇五ページ

(18) 前掲「当代城市青年夫婦生育意愿与生育行為探析」九九—一〇五ページ

(19) 靳永愛/趙夢晗/宋健「父母如何影響女性的二孩生育計划——来自中国城市的証拠」「人口研究」第四十二巻第五期、中国人民大学、二〇一八年、一七—二九ページ

(20) 前掲「当代城市青年夫婦生育意愿与生育行為探析」九九—一〇五ページ

(21) 宋健/秦婷婷/宋浩銘「性別偏好的代际影響——基于意愿和行為两种路径的観察」「人口研究」第四十二巻第二期、中国人民大学、二〇一八年、一五—二八ページ

(22) 肖索未「〝厳母慈祖〟——児童扶養中的代際合作与権力関係」「社会学研究」二〇一四年第六期、中国社会科学院社会学研究所、一四八—一七一ページ

(23) Yan, *Private Life under Socialism: Love, Intimacy, and Family Change in a Chinese Village, 1949-1999*, Liu, *Gender and Work in Urban China: Women Workers of the Unlucky Generation.*

(24) 前掲『一人っ子政策と中国社会』

(25) 中国の都市と農村では、これまで異なった戸籍制度のもと、二元的な社会構造が構築されてきた。二元戸籍のもと、都市と農村では異なった社会福祉制度が導入され、都市部では公的年金と医療保険

制度が導入されたのに対して、農村部ではこれらが導入されず、主に家族間の相互扶助に頼ってきた。施利平「中国における都市化と世代間関係の変容――浙江省一近郊農村の事例研究より」、日本家族社会学会編「家族社会学研究」第三十巻第一号、日本家族社会学会、二〇一八年

(26) 曹さんは第二子を出産後、職場で昇進して責任が増えたものの、仕事の自由裁量が増えたため、家庭と仕事との両立が前よりかえってできるようになったと語る。

(27) 陳さんの長女は生まれてから二歳になるまで、昼間は義母が面倒をみていて、夜も義母と就寝している。

(28) 実際に施雅楽さんのケースでは夫方親は夫方の姓を継ぐ息子（孫）だけをかわいがり、妻方の姓を継ぐ娘（孫娘）に対しては差別的な扱いをしている。それに対して、施さんの実母は孫娘が母方の姓を継いでいるため、父方の祖父母から差別的な扱いをされていると解釈し、孫娘に母方の姓を継がせたことを後悔していると言う。

(29) 趙尊文さんは、義父母は孫娘よりも孫息子をかわいがっていることに言及している。「義母も義父も第一子の長女より、第二子の息子をとてもかわいがっています。夫にも相談し、もっと長女を大事に育ててあげたいと決めました。姑に対しては私のほうから直接に公の場では娘を差別的に扱わないようにお願いしましたが、舅に対しては私から言いづらくて、まだ伝えていません。彼らは娘をかわいがっていないというのではありませんが、息子をはるかに娘以上にかわいがっています」と語る。

(30) 中国では結婚するとき、息子をもつ親は息子夫婦のために新居を用意する習慣があるので、女性対象者はこのような発言をしたと思われる。

(31) 田さんの息子の日常的な面倒は義母がみているが、習い事などは田さんが担当している。

第6章　両家からの第二子出産要請をめぐる世代間の交渉

はじめに

前章では、主に妻方親からの後継者出産要請に焦点を当ててきた。分析の結果、一人娘しかいない親たちは家系の後継者を獲得するために、第二子や第三子の出産が可能になった人口政策の転換を受けて、娘夫婦に妻方の後継者としての第二子を要請していることが浮き彫りになった。このような妻方親の要請は、夫方親の意向、そして出産する娘とその配偶者の意志によって、受容される場合と拒否される場合がある。しかし、子ども夫婦に第二子の出産を要請するのは妻方親だけではない。夫方親が第二子の出産、とりわけ男児の出産を要請していることが先行研究では報告されている。[1] 本章では、両家の親はどのような理由でそれぞれ第二子の出産を要請するのかについて取り上げる。

親世代が子ども夫婦に第二子や第三子の出産を要請する理由として、まず人口政策の変化が挙げられる。というのも、一人っ子政策から二人っ子政策、さらに三人っ子政策に変わり、一組の夫婦が複数の子どもを出産できるようになったためである。また第二の理由として、父系親族規範に基づき、親世代が子ども夫婦に家系の後継者の出産を要請していることも先行研究では指摘されてきた。[2] 実際、本書の第５章でも妻方親が自らの後継者を求めて娘夫婦に第二子の出産を要請していることを明らかにした。ただ、これまでの論考では親世代の出産要請と子世代の受容または抵抗という図式が提示されてはいるものの、親世代が子世代に出産を要請する理由と、それに対する子世代の具体的な反応については焦点を当てていないため、必ずしも十分に検討されているとはいえない。[3]

このような問題意識のもと、本章では一人っ子世代の第二子の出産をめぐる世代間の交渉に焦点を当て、親世代はどのような理由で子世代に第二子の出産を要請するのか、そこには夫方親と妻方親の要請に違いがみられるのか、そして夫方親と妻方親の要請に対しては一人っ子世代はそれぞれどのように反応するのかを明らかにしていく。

1　中国での出産意欲・行動と世代間関係

中国では世代間関係が子世代の出生意欲と出産行動に大きな影響を及ぼすことが、これまでの研究でしばしば指摘されてきた。親世代からの育児サポート・経済的支援と育児協力意欲の有無が子世代の第二子の出産意欲を左右するという(4)。つまり、親世代から育児サポートと経済的支援を得られる人ほど、さらに、親世代が育児に協力的であればあるほど、子世代の第二子の出産意欲が高い。要するに子世代にとっては、親世代の日常的な子育て支援とこれからの支援への確約がなければ、第二子の出産は困難だといえるだろう。

親世代が子世代の育児をサポートする背景には、中国社会の育児資源の乏しさとともに、親世代の老後の福祉も大きく関わっている。公的育児資源が不足しているために、子世代は親世代に頼らざるをえないのである。また老後の扶養・介護の公的資源も同様に限られているため、老後の扶養と介護は子ども、とりわけ息子に頼らざるをえない側面もある。このような社会背景のもと、親世代は子世代の育児をサポートして将来の扶養・介護を子世代に期待しているのである。また、子どもは夫婦の子どもである以前に、国の近代化を担う国民であり、父系一族の構成員であるという性格が強い。とりわけ息子は家系の後継者として、血統や姓の継承とともに、老親扶養と祖先祭祀をおこなうことが期待されてきた。しかし、一人っ子政策の実施によって、息子がいない一人娘の家庭が大量に出現した。これらの一人娘家庭は娘を息子の代わりとして育て、将来は家系の後継者になるように娘に期待しはじめた。[5] つまり、一人娘は生家では後継者の出産、老親扶養と祖先祭祀が期待されているのである。

したがって、一人っ子政策から二人っ子政策、さらに三人っ子政策に移行し、二人以上の子どもの出産が可能になると、親世代は子世代に第二子や第三子の出産を要請する可能性が高くなる。親世代の要請をきっかけに、子世代は新たに子どもを出産するか否かの判断を迫られる事態が発生する。先行研究では、親世代の出産要請に対して、子世代が二通りの反応をみせていることがすでに明らかになっている。

例えば親世代の出産要請に対して、一人っ子として親の愛情を独り占めにして、これまで家族の「Only Hope」[6] として育てられてきた一人っ子世代は、親世代との絆が強いうえに、結婚後も絶えず親世代から経済的な支援や育児サポートを受けているため、親世代の出産要請を拒否できずに第二子を出産する傾向にあると指摘されている。[7] さらに、一人っ子世代の女性は親世代と強く連帯しているため、子どもの性別への好みや人数という親世代の価値観を内面化していて、親世代が期待する性別と人数の子どもを出産しようとする傾向がある。[8]

他方、子世代が仕事と子育ての両立の困難や子どもの養育・教育コストを理由に二人目の出産を拒否することで世代間で対立が生じるケースも報告されている。[9] 育児のあり方をめぐっては、一人っ子世代の女性は親世代よりも発言力が強く、決定権をもっていて、親世代に一方的に従属するものではない。[10] 彼女らは親世代とは異なり、夫婦や親子の親密性を重視し、家庭以外に自らの趣味や個人の成長、自身の生活を追求する傾向にあるとされている[11]。

つまり、親と強い情緒的な絆をもって親世代から絶えず物質と精神の両面で援助を受けてきた一人っ子世代は、一方では、親世代の出産要請を素直に受け入れて第二子を出産する傾向にある。他方では、養育・教育コスト、子ども観や子育て観の違い、さらに子育てと個人の生き方や仕事とのバランスをとりたいという理由で親世代の出産要請を断る傾向も見受けられる。

このように、これまで親世代の出産要請に対して、子世代の受容または拒否という図式が提示されてはきたものの、夫方親と妻方親の出産要請の詳細とそれに対する子世代の反応は必ずしも十分に考察されてこなかった。そのため、親世代を夫方親と妻方親に分けてそれぞれの出産要請の理由を明らかにしたうえで、親世代の要請に対する子世代の反応、具体的には子世代を女性対象者とその配偶者に分けて分析することが必要だと考えられる。その理由を以下に記す。

まず、親世代の出産要請についてふれる。親世代は子ども夫婦に複数の子ども（親世代にとっては孫）の出産を求めるのだろうか。現に子世代が出産する第二子や第三子に対して、育児サポートを提供する予定がない親世代も一定数存在することが報告されている[12]。また出産を要請する際にはどのような理由があるのか。さらに出産要請の理由は夫方親と妻方親ではどのように異なるのか。とりわけ妻方親からの出産要請は、両家の間あるいは若い夫婦の間で不和や対立を招くことが多いとこれまでの研究では指摘されている[13]。なぜなら、妻方親の出産要請は父系親族規範のもとで実践されてきた嫁入り婚の原則と相反するからである。従来は父系親族社会で最も一般的な婚姻形態とされる嫁入り婚では、婚出した女性にとって夫方のために男子後継者を出産することが義務の一つだと考えられてきた。他方、息子がいない家庭では、「過継」、または婿入り婚を介して男子後継者を獲得する手段が講じられてきた[14]。つまり、婿入り婚をした女性は跡取り娘として生家の後継者を出産することが期待されてきたのである。

しかし、長年一人っ子政策が実施されてきた中国社会では、子どもの数の減少によって「過継」に出せる男性や婿入り婚の対象になる男性の数が不足しているため、伝統的な父系社会で実践されてきた「過継」で養子を獲得することも、娘に婿入り婚をさせて後継者を獲得することも現在では困難になりつつある[15]。また、すでに第4章で考察したとおり、一人娘の女性の婚姻は嫁入り婚の形態をとり、結婚後は夫方同居が多い。また、第5章では一人娘の実親が婚前協定を結ぶ、あるいは第一子出産後の娘に生家の後継者の出産を要請していて後継者獲得のニーズがあることを指摘した。ここには夫方親と妻方親それぞれが家系の後継者を獲得したいというニーズがあるものの、父系親族規範のもとでは子どもは基本的に父系親族に帰属するため、夫方親と異なって、妻方親は後継者を要請する正当性をもたないという違いが存在する。

また親世代の出産要請の詳細を調査する二つ目の理由は、一人っ子政策が導入されてから、若い世代の出産志向が変化していることが挙げられる。具体的には、出産する若い世代の生育観は、「多子多福」（子どもが多いほど幸せ）志向や「早、多、男」（早く、多く、男児を産む）志向という中国の伝統的な生育観から、「一男一女」志向、「男児選好」志向[16]、「女児選好」志向に変わったと指摘される[17]。しかし、はたして親世代も同様の変化をみせているのか、また親世代はいずれの志向に依拠して子世代に出産を要請するのかという疑問はまだ解決されていない。

さらに、親世代からの出産要請に対する子世代の反応を女性対象者とその配偶者に分けて分析する理由としては、それぞれの立場の違いを挙げることができる。前述したように一人っ子の既婚女性が両家から後継者の出産を要請されることで、嫁と跡取り娘の二重の役割を期待される可能性がある。これは従来の婚出女性の嫁役割と、婿入り婚をした女性の跡取り娘役割とは大きく異なるものであるため、女性自身とその配偶者は二重の役割が求められる際に、従来の役割を調整する必要が出てくる。そのため女性対象者とその夫の反応が異なることが予想されるものの、その詳細についてはいまだに明らかにされていない。

加えて、女性対象者は生家の親との情緒的絆が強く[18]、夫や婚家よりも生家の親の利益を優先する傾向にあると指摘されている[19]。したがって女性は婚家の出産要請よりも、生家からの出産要請を優先する可能性がある。他方、女性対象者の夫は、従来の父系親族規範に依拠しながら、子どもを夫方に帰属する存在として捉える可能性が高い[20]。となると、夫婦の間でも子どもの帰属について異なった考えをもち、意見が対立する場合もあるだろう[21]。したがって、両家の出産要請に対する、女性対象者とその配偶者の反応を分けて検討することが必要である。

以上のような問題関心から、本章では一人っ子世代の第二子の出産をめぐる親世代――具体的には夫方親と妻方親――からの出産要請の有無やそれぞれの要請理由、それに対する女性対象者とその配偶者の反応を明らかにしていく。

2　一人っ子世代の第二子の出産意欲・行動と親世代からの出産要請——分析結果①

すでに第一子を出産している女性対象者は第二子を出産するのか否か。または出産する意欲があるのか否か。表1が示すとおり、四十人の対象者のうち第二子を出産した者は十四人、第二子を妊娠している者が二人、第二子を出産する意欲がある者は三人である。それに対して、第二子を出産する予定がない者は十七人で、まだ出産するかどうか迷っている者は四人である。

第二子を出産した十四人のうち、親世代の出産要請を受けて出産したのは七人だった。また、妊娠している二人と出産予定がある三人は全員親世代から出産要請を受けている。ここから第二子を出産した者、妊娠している者、これから出産しようとする者のうち、親世代から出産要請を受けている者が多いことがわかる。

他方、出産を迷っている四人も全員親世代から第二子を要請されている。また出産予定がない十七人の女性対象者のうち、親世代から出産を要請されている者は十一人であるのに対して、要請されていない者はわずか四人にすぎず、第二子の出産を反対されているのはたったの二人である。(22)ここからは親世代から孫の出産を要請されていたとしても、出産を躊躇する、または親世代の要請を拒否する子世代がいることがわかる。そして、孫の出産を要請されていない場合や出産に反対されている場合には、子世代は第二子を出産する意欲をみせていないのである。

さらに、親世代の出産要請を夫方親と妻方親に分けて検討した場合、妻方親から第二子の出産要請があったのは十七件、夫方親から出生要請があったのは四件、両家から出産要請があったのは六件である。ここからは妻方親が第二子の出産を要請するケースが多いことを確認できる。

3　両家の親世代からの出産要請の詳細と子世代の反応——分析結果②

ここまでの分析で、親世代、とりわけ妻方親からの第二子の出産要請が多いことがわかった。これに加えて、ここまでの章では女性対象者が出産した第一子の大多数と第二子の半数強が夫方の姓を継いでいることも判明している。これらの結果を踏まえたうえで、以下では親世代から第二子の出産を要請されている二十七件を取り上げながら、親世代の出産要請の理由と子世代の反応に焦点を当てて分析する。

まず、この二十七件の子育ての実態を確認しておく。長子が三歳までの居住形態は、夫方同居が十一件、妻方同居が七件、（どちらの親とも同居しない）新居が九件（そのうち、四件は義母が子育てのために子ども夫婦の家で一時同居）である。子どもは全員どちらかの祖父母と同居するか、または昼間だけ祖父母に預けられている。ここから女性対象者は親世代から全面的に子育てのサポートを得ていることが確認できる。

次に、夫方親から第二子の出産を要請されているグループ（四件）、両家の親から第二子の出産を要請されているグループ（六件）、妻方親から第二子の出産を要請されているグループ（十七件）に分けて、それぞれの親側の出産要請の理由とそれに対する子世代の対応をみていくことにする。

グループ1――夫方親から第二子の出産を要請されているグループ（四件）

まず、夫方親から第二子の出産を要請されている四件のうち、三件はすでに男児を出産した息子夫婦に第二子の出産を要請しているものであり、残り一件は女児を出産した息子夫婦に対して男児の出産を要請するものである。結論を先に記せば、男児をすでに出産した息子夫婦に第二子の出産を要請した夫方親は、子どもが好きなため第二子の出産を要請したこと、もし第二子が生まれたらその第二子は女性対象者の姓を継いでもいいという提案をしたことが対象者の語りから明らかになった。それに対して子世代の反応については、すでに男児を出産した場合、対象者が親世代の要請を受容するケース（一件）、拒否するケース（一件）、保留するケース（一件）がみられた。他方、女児を出産し、夫方親から男児の出産を要請される場合、対象者が親世代の出産要請を受容するケース（一件）が確認できた。

以下では、すでに男児を出産した息子夫婦に対する夫方親の第二子の要請を受容した事例1と、女児を出産して夫方親の男子後継者の要請を受容した事例2を紹介する。

事例1――義母から第二子は女性対象者の姓を継いでもいいと提案された陳菁菁さん

陳菁菁さんは結婚してから調査時に至るまで夫方親と同居していて、長男と長女の世話を義父母

親世代の出産要請の理由	女性対象者または夫の反応
義母は第２子の出産を要請しながら、第２子は妻方の姓を継いでもいいと提案。実親は姓の継承の必要はないと断る。	受容
子ども好きな義母は第２子の出産を要請。第２子は嫁の姓を継いでもいいと提案。	保留。出産後生活の質が低下
子ども好きな義母は第２子の出産を要請。夫も第２子を希望。	拒否。育児責任が自身に偏る
義母は第２子の出産を要請し、男児がいちばんいいが、女児でも可。実母は娘の育児負担が重くなるので、反対。	受容（第2子妊娠中）
双方の親が第２子の出産を要請。夫も第２子を希望。	拒否。長男が病弱。子育て責任
実母は第２子の出産を要請。義母は第２子が嫁の姓を継いでもいいと提案（実父はその必要はないと断った）。	拒否。子どもが好きではない
双方の親から女児を要請される。実母から女児ならば将来親に寄り添ってくれると言われる。	保留。自身の健康、仕事との両立
義父は第２子の出産を要請。第２子は嫁の姓を継いでもいいと提案した。本人と実親はその必要はないと断った。	受容
双方の親から男児の出産を要請される。	受容
義親は男児を希望。実親は妻方の姓にこだわっていない。というのも、子どもが多いほうがにぎやかだから。	保留。帝王切開
婚前協定あり。第２子は妻方の後継者にする。	受容
結婚の条件。子どもは妻方の後継者にする。	受容（第２子を妊娠中）
妻方祖母が後継者を要請。	拒否。嫁役割を達成。子育て責任が重い
婚前協定があり、第２子は妻方の後継者にする。	拒否。夫の反対
実親が後継者を要請。	拒否。夫の反対
実父が後継者を要請。	保留。父と協議する必要がある
実親が後継者を要請。	拒否。2人の子どもに別々の姓をつけたくない
婚前協定あり。第２子は妻方の後継者にする（ただし第２子が男児の場合、夫方の後継者とし、長女を妻方に改姓）。	受容
実父が後継者を要請。	一部受容。男児なら、夫方の姓を継がせたい
婚前協定あり。第２子は妻方の後継者にする。	受容
婚前協定あり。第２子は妻方の後継者にする（ただし第２子が男児の場合、夫方の後継者とし、長女を妻方に改姓）。	受容
実父は後継者を要請。	拒否。夫の反対
実親は後継者を要請。	拒否。子育て体験
実母は第２子の出産を要請。一人っ子は寂しいし、将来親の介護負担が大きいから。	受容
実母は孫の面倒をみたいという理由で、第２子の出産を要請。	拒否。息子を出産し嫁役割を達成
実母は女児がいいと提案。女児が将来介護をしてくれることを期待する。また一人っ子の介護負担が大きいことを懸念。	拒否。子育てと仕事の両立が困難である
実母は娘に遊び相手がいたほうがいいという理由で、第２子の出産を要請。	拒否。子どもの面倒をみる人がいない

表4　親世代の出産要請と子世代の反応（筆者作成）

	第1子の性別／姓の継承	第2子の性別／姓の継承	居住（長子3歳まで）	主な育児サポート（長子3歳まで）
夫方親から第2子の出産を要請されるグループ（4件）				
陳菁菁（1）	男児／夫方	女児／夫方	夫方同居	義親
張莎莎	男児／夫方	未定	新居（＋義母）	義母
阮旦	男児／夫方	予定なし	新居（＋義母）	義母
王萌荷	女児／夫方	夫方予定	夫方同居	義母
両家の親から第2子の出産を要請されるグループ（6件）				
竺玲琳	男児／夫方	予定なし	新居（＋義母）	義母
辺文香	男児／夫方	予定なし	夫方同居	義親
陳瑞	男児／夫方	未定	妻方同居	実親
趙尊文	女児／夫方	男児／夫方	夫方同居	義親
王之敏	女児／夫方	夫方予定	夫方同居	義親
俞佳枫	女児／夫方	未定	夫方同居	義親
妻方親から第2子の出産を要請されるグループ（17件）				
曹霞	男児／夫方	男児／妻方	新居（＋義母）	義母（実親は経済的援助）
周玉玲	男児／妻方	妻方予定	妻方同居	実親
田唯唯	男児／夫方	予定なし	夫方同居	義親
俞莹莹	男児／夫方	予定なし	妻方同居	実親
茅麗麗	男児／夫方	予定なし	妻方同居	実親
沙青洲	男児／夫方	未定	夫方同居	義親
邵青青	女児／夫方	男児／夫方	新居	義親
柴从容	女児／夫方	女児／妻方	夫方同居	義親
陳馨（2）	女児／夫方	女児／夫方	新居	義親
漏静泊	女児／夫方	妻方予定	妻方同居	実親
黄雅霞	女児／夫方	妻方（男児なら夫方）予定	新居	実親（義親は経済的援助）
黄朱鸿	女児／夫方	予定なし	妻方同居	実親
盛吉麟	女児／夫方	予定なし	夫方同居	義親
銭琴	男児／夫方	女児／妻方	新居（＋1年だけ義母）	義母。のち実親
桑晨	男児／夫方	予定なし	新居	義親
蔣婷婷	女児／夫方	予定なし	妻方同居	実親
盛麗娜	女児／夫方	予定なし	夫方同居	義親

注（1）：ゴシックにした対象者は、事例として本文に取り上げたものである。

注（2）：陳馨さんの第2子は、出産時に実父から姓の要請がなかったため、夫方の姓を継いでいる。

が担当している。長男を出産した陳さんは第二子の出産を義母から要請されたという。長男も長女も夫方の姓を継いでいる。

義母から第二子の出産を要請され、もし第二子が生まれたらあなたの姓を継いでもいいと提案されました。しかし、二人の子どものうち、一人は夫方の姓を、もう一人は私の姓を継ぐとなると、両家の祖父母はこの子はうちの子、もう一人は嫁方（または婿方）の子と区別して、きょうだいに対して異なった扱い方をする恐れがあります。それは、あとでいろいろとトラブルに発展してしまうかもしれないと実母は心配していました。結局、実父も実母も第二子を私の姓にする必要はないと判断しました。

事例2――男児の出産が義母から求められるが、実母からは反対される王萌荷さん

王萌荷さんは結婚後、夫方親と同居していて、長女の面倒を義父母がみている。第二子の出産予定を尋ねたところ、王さんは義母から第二子、できれば男児を出産してほしいと要請されていることと、だが実母はそれに反対していることを語った。なお、王さんは二〇二三年夏に追跡調査をおこなったときに第二子を妊娠していた。

長女が三歳になったら、第二子を産む予定です。義母は第一子が娘ですので、子どもがもう一人いたほうがいいと言っています。「一男一女」がいちばん望ましいです。でも二人とも娘

でもかまわないと言っていて、私たちの出産計画に賛同しています。一方、私の実父母、特に実母は二人の子どもを育てることはとても責任が重くて大変なので、産まないほうがいいと言っています。

子どもの姓について、夫と話し合ったことがあります。一人目は夫方の姓を、二人目は私の姓をつけるのはどうかと話し合いました。ですが二人の子どもがそれぞれの家系の子どもになるということは、どちらの祖父母も自分の家系の孫のほうをかわいがることになるので、これはもう一人の子どもの成長にとってよくないのではないか、またきょうだいの間でも、そのような区別が生じるのではないかと心配なので、この考えを捨てました。[23] 第二子が生まれたら、夫方の姓を継がせる予定です。

事例1は男児を出産した息子夫婦に第二子の出産を要請し、第二子に妻方の姓をつけてもいいと、夫方親が女性の生家の後継者獲得に配慮したケースである。他方、女性対象者も彼女の実父母もきょうだいが異なった家系の子孫になることで将来トラブルが発生しないかと心配し、夫方からの第二子の姓に関する提案を受け入れなかった。そのような心配は、事例2でも共通して見いだすことができる。そのため、事例2では女性対象者夫婦は最初子どもたちに夫方の姓と妻方の姓をそれぞれつけることについて話し合っていたものの、最終的には子ども二人に同じように夫方の姓をつけることにしたのである。さらに、夫方親は女児を出産した息子夫婦に第二子の出産を要請するが、それに対して妻方親が子育ての負担の大きさから第二子の出産に反対している。こうした状況を通して、夫方親は男子後継者の獲得を優先するが妻方親は娘の子育て負担を心配するという構図が存在していること、また両家の出産要請（または反対）を受けて、女性対象者が夫方の出産要請を受容し、男子後継者を出産しようとするという嫁役割を引き受けていることが浮き彫りになった。

グループ2――両家の親から第二子の出産を要請されているグループ（六件）

次に、両家の親から第二子の出産を要請されている六件のうち、男児を出産した子ども夫婦に対する出産要請三件と女児を出産した子ども夫婦に対する出産要請三件を考察する。男児を出産した三件のなかには両家の親が女児の出産を要請するケースや、夫方親が第二子の出産を要請して生まれた第二子は女性対象者の姓を継いでもいいと提案したケースがある。他方、女児を出産した三件では、そのうち二件が両家の親または夫方親が男児の出産を要請していて、残り一件では夫方親が第二子の出産を要請しながら第二子は妻方の姓を継いでもいいと提案している。親世代の出産要請に対する子世代の反応としては、すでに男児を出産した場合に限り拒否した事例（二件）と保留した事例（一件）がみられた。他方、女児を出産し第二子の出産を要請された場合、それを受容したのは二件、保留したのは一件である。

以下では、男児を出産した子ども夫婦が両家の親から第二子を要請されたが、その要請を拒否した事例3、女児を出産した子ども夫婦が両家の親から第二子の出産を要請された際に、その要請を受容した事例4を紹介する。

事例3——義母から「第二子が生まれたらあなたの姓を継いでもいい」と提案された辺文香さん

辺文香さんは結婚当初から調査時まで夫方親と同居している。長男の世話は、長男が五歳になるまで昼夜ともに義父母が担当した。五歳になってから、長男は辺さん夫婦と同じ寝室で就寝するようになったという。

長男が生まれたあとに、実母からはもう一人子どもを産んでほしいと言われました。私は一人娘ですので、実母が子どもの面倒をみると約束してくれました。義母にも第二子を産んでほしいと言われました。義母はもし第二子が生まれたら、あなたの姓を継いでもいいよと提案してくれました。しかし、実父は孫が自分の姓を継ぐ必要はないと断りました。

私自身は性格が大雑把というか、子どもがあまり好きではありませんし、また子育てはたいへん面倒ですので、もう子どもを産むつもりはありません。

事例4——二人の子どもに異なる姓をつける必要はないと感じている趙尊文さん

趙尊文さんは結婚時から調査時に至るまで夫方親と同居している。長女の日常的な世話を義父母が担当している。二〇一九年に趙さんは第二子の息子を出産して夫方の姓をつけた。

結婚前から両家の親が私たちに第二子を産むことを求めてきました。私には子どもをもつことについて両家の親のような強い願望はありませんでした。ただ反対する気持ちにもなりませんでした。また、第一子を出産する前に義父から第二子が生まれたら、あなたの姓を継いでもいいと勧められましたが、私はその必要はないと思いました。

その理由は子どもが二人とも同じ父母のもとに生まれたので、あえて異なる姓をつける必要がないと思うからです。実親もその必要性を感じていません。


このように事例3は男児を出産した子ども夫婦が両家の親から第二子の出産を要請されたが拒否したものであり、それに対して事例4は女児を出産した子ども夫婦が両家の親から第二子の出産を要請された際にそのまま受容したものである。どちらのケースでも、夫方親から第二子は女性対象者の姓を継いでもいいという提案があったが、両方ともその提案を受け入れていない。事例3は実父がその必要はないと断り、事例4は女性対象者自身も実親もその必要はないと判断した。さらに事例4では、子どもが二人とも同じ父母のもとに生まれたのであえて異なる姓にする必要がないと対象者は語っていて、また実際に第二子に夫方の姓をつけている。この事実は、対象者夫婦と両家の親世代は、子どもは夫方に帰属すること、さらに夫方のために男児を出産することをごく自然に受け止めていると解釈することができる。

以上の分析結果から、女児を出産した息子夫婦に夫方親が男子後継者の出産を要請する場合、子世代は受容する傾向にあることが確認できる。他方、すでに男児を出産した息子夫婦に夫方親が第二子の出産を要請する場合、第二子は妻方の姓を継いでもいいと提案して、妻方親の後継者獲得に協力する傾向がみられる。ただしすでに男児を出産した子世代では、夫方親または両家の親からの第二子の出産要請に対して、受容するケース、拒否するケース、保留するケースがみられることから、必ずしも親世代の要請を素直に受容するわけではないことが確認できる。また、子どもは夫方に帰属する、そして第一子が女児だった場合には新たに男児を出産する必要があるという共通の認識を、夫方親も子どもも夫婦ももっていることがうかがえる。

グループ３――妻方親から第二子の出産を要請されているグループ（十七件）

最後に、妻方親からだけ出産要請があった十七件を検討する。そのうち十三件は妻方の後継者の出産を要請するものであり、残りの四件は後継者を目的にしない出産要請である。妻方親の出産要請には、妻方の家系の後継者を要請するものが多いことがわかる。そして後継者を要請する十三件のうち五件は夫方親と妻方親との間で結婚前にすでに約束が交わされ、第二子を妻方の子孫とし、妻方の姓を継ぐという合意を得ていた。またその五件のうち、もし第一子が女児で第二子が男児の場合には第二子の男児を夫方の子孫とし、第一子の女児を妻方に改姓して、妻方の子孫にするという条件がついたものも二件あった。ここから、妻方親は結婚前に協定を結ぶか、あるいは結婚後に娘夫婦に後継者の出産を要請することで、妻方の後継者を獲得しようと努めてはいるものの、妻方親の後継者獲得の実践は夫方親の利益を決して侵害しないという父系親族規範の原則が守られていることが読み取れる。なぜなら、女性対象者の第一子はほぼ全員夫方の姓を継ぎ、夫方の子孫としてあらかじめ獲得されているうえに、第二子も男児なら夫方の姓を継ぎ、夫方の子孫になる。夫方の後継者獲得、とりわけ男子後継者の獲得が優先されているのである。

妻方親の後継者出産要請に対しては、子世代が受容したケース（六件）、女性対象者自身が拒否したケース（三件）、女性対象者の夫が拒否したケース（三件）、さらに保留したケース（一件）があった。親の要請を受容した事例は、先述したとおり婚前協定を結んだものが多い。他方、女性対象者が拒否した事例のなかには、すでに息子を出産して夫方のために男子後継者を残し、嫁役割を達成したことを理由に挙げる対象者が二人、子育てのつらい体験を理由に挙げる者が一人いた。また、女性対象者の夫が反対した理由として、第二子が妻方の姓を継ぐことに反対した者が一人、子育ての負担や夫のきょうだい体験を理由に挙げる者が二人いた。こうした夫の反対は、妻の生家から後継者の出産を期待された際に男性が示した抵抗ともいえるだろう。またこのことは一人娘と結婚した男性が、跡取り娘と結婚して妻の生家のために後継者をもうけることを自らの役割として受け止めていないことを示唆する。

以下では、妻方親の後継者出産要請を受容した事例5、女性対象者が拒否した事例6、さらに女性対象者の夫が拒否した事例7を具体的にみていく。

事例5――次男の姓をめぐって両家の親の間と夫婦の間で対立が生じた曹霞さん

曹霞さんの長男が生まれてから義母は曹さん家族と同居するようになり、長男の世話を担当した。また、次男が生まれたあとには義父も同居するようになった。現在、義母は次男の世話と家事を担当し、義父は長男の幼稚園、また小学校入学後は小学校への送迎を担っている。

曹さんは結婚前に、両家の親の間で第二子は曹さんの姓を継ぐという合意を得ていた。しかし、婚前協定があるとはいえ、次男が生まれたあと、次男の姓、そして両家の祖父母の呼び方をめぐって両家の親の間と夫婦の間で対立が生じた。これによって曹さんは離婚まで考えたと語る。

まず、次男が生まれたあとに、次男の姓と両家の祖父母の呼び方について両家の間で対立があったことが明らかになった。

次男が生まれてから、両家の間でトラブルというか対立がありました。私ともいろいろともめました。でも、最終的には次男は私たちの姓〔女性対象者と実親を指す：引用者注〕を継ぐことになりました。やっぱり最初からそういう決まりでしたからね。義父母は、もし生まれた第二子が女児なら私たちの姓を継いでもかまわなかったでしょうけれども、生まれたのは男児でした。男児に私たちの姓をつけるのは、気持ちがしっくりいかないということなのでしょうか。話し合いを重ねた結果、最終的には次男が私たちの姓を継ぐことになりました。

しかし、祖父母の呼び方でもまた一悶着がありました。子どもが夫方の姓を継いだら、夫方の祖父母を「爷爷奶奶」〔父方の祖父母に対する呼称：引用者注〕、母方の祖父母を「外公外婆」〔母方の祖父母に対する呼称：引用者注〕と呼ぶのが一般的ですが、私の実父母は第二子が第一子と異なった姓を継ぎ、両家の祖父母に対して異なった呼び方をすると、子どもが混乱するので、両家の祖父母を「爷爷奶奶」と呼ぶようにと提案しました。しかし義父母はその提案に反対しました。

義父母は、次男の姓はもう私たちの姓にしたのだから、つまり自分たちは譲歩したのだから、義父母を「爷爷奶奶」、私の両親を「外公外婆」と呼ぶのがいちばんいいと主張しました。もちろん、実親はその主張に反対しました。結局のところ、どちらの祖父母も「爷爷奶奶」と呼ぶことで落ち着きました。

現在、夫方の姓を継いでいる長男は父方の祖父母を「爷爷奶奶」と呼び、母方の祖父母を「外公外婆」と呼んでいる。また妻方の姓を継いでいる次男は、両家の祖父母を「爷爷奶奶」と呼んでいる。このように次男の姓と祖父母の呼び方によって両家の間で対立が生じただけにとどまらず、曹さんと配偶者との考え方の違い、さらにそれぞれの立場の違いも表面化してしまったと曹さんは語る。

次男の姓と祖父母の呼び方をめぐって両家は意見が合わなくて、いろいろともめ、不愉快な思いをしました。夫はもともと男性中心主義的なところがあります。彼は、次男が私の姓を継ぐことで彼のメンツがつぶされたと考えていたようです。そのために夫はあまり機嫌がよくありません。しかし夫の機嫌がよくなかったとしても、最終的に次男は私の姓を継ぐことになりました。

もともと私は一人娘で、我が家には息子がいません。しかし、伝統的には家系を継承するためには息子が必要です。したがって、私の子どもに我が家の姓を継承してもらうのがいちばんいいと最初はみんなそう思っていました。それで結婚前に子どもが生まれたら、そのうちの一人は私の姓を継承することに対して両家の親が合意していました。しかし、時間がたつにつれ、社会も人々の考え方もどんどん変化していき、実はもう当初ほど子どもの姓の継承にはこだわっていませんでした。うちの両親が譲れなかったのは、姓の問題というより、気持ちの問題でした。最初に約束したことを反故にすることには納得できなかったためだと思います。結局は、「一口気」（けじめ）の問題ですよ。

私自身は最初から実父母の側についていました。もし夫と義父母が最後の最後まで同意してくれなければ、離婚するしかないと思いました。最初から約束していたことを反故にすべきではないし、ましてこんなことでいろいろともめることになるとは……。

いろいろともめましたから、最初のうちは気持ちはすっきりしませんでした。ちょっと不自然な感じがしましたが、だんだんと互いに慣れてきました。いまはあまり気にしないようにしています。もちろん、心にしこりが残っていますけど。

事例５では夫方親と女性対象者の夫は、次男が妻方の姓を継ぎ、さらに母方の祖父母を「爷爷奶奶」と呼ぶことで、父系親族規範によって担保されていた父系継承の原則が侵害され、それによって夫方親と夫のメンツ（「面子」）がつぶされたと理解している。(24) 他方、妻方親にとっては、娘夫婦にマンションを買い与えたうえで百万元の持参金や乗用車をもたせて経済的に貢献したことによって約束された後継者（第二子）が夫方の反発によって危うくなってしまった。すなわち事例５は対象者が指摘するとおり妻方のけじめ（「一口気」）の問題として、第二子に妻方の姓を継承させ、母方祖父母を「爷爷奶奶」と呼ばせることを譲れなかったというものである。同時にこの事例は、一人娘をもつ親側のニーズに反して、後継者の獲得、とりわけ男子後継者の獲得がきわめて困難であることを示唆するものである。また、対象者自身が最初から最後まで実父母の側についていたことが明言された事例でもある。

事例6――二人の子どもに別々の姓をつけるのは不自然だと考える邵青青さん(第5章の事例5と同一対象者)

邵青青さん家族は結婚当初からどちらの親とも同居せずに新居で暮らしている。長女が生まれてからこの方、邵さんは昼間は長女を義父母に預けて面倒をみてもらっていた。夜は邵さん夫婦も義父母の家で夕食をすませたあと、家族三人で邵さん家族が住むマンションに戻る。さらに長男が生まれてからは、長男も昼間は義父母に預けて面倒をみてもらっている。また長女の幼稚園への送迎、邵さん夫婦が帰ってくるまでの世話は義父母が担当している。そして夜、家族四人で自宅に戻る生活をしている。

このケースでは、女性対象者は結婚前も第一子出産後も実父母から後継者の出産を要請されているが、対象者自身は二人の子どもが別々の姓をつけるのは不自然だと考えている。また特に第二子は男児なので、義父母からの不満や両家の衝突を避けたいという理由で第二子の息子に自ら夫方の姓をつけたと邵さんは語っている。

この地域では、子どもが二人生まれたら、一人は父方の姓を継ぎ、もう一人は母方の姓を継ぐケースが多いです。しかし、私自身は二人の子どもに同じ姓を継いでほしいです。きょうだいが別々の姓だと不自然に思います。もともと、実父母には第二子に実父の姓を継いでほしいという気持ちがありました。とはいえ、それほど強くこだわってはいなかったようです。それよりも、最も大きな理由は第一子が娘で第二子が息子という組み合わせです。息子に私の姓、つまり嫁方の姓をつけることは、おそらく義父母からも、また夫からも賛同を得られないと思うからです。

だから息子が生まれたとき、私たちはもう姓の話をしませんでした。ただちに夫方の姓をつけました。息子に嫁方の姓をつけるのは、そう簡単ではありません。また娘を改姓させて、夫方の姓から私の姓に変更する一方で、息子に夫方の姓をつけるということはできるかもしれませんが、面倒なので結局はしませんでした。娘の改姓は結構面倒なので……。

このケースでは、女性対象者は結婚前も第一子出産後も一貫して実父母から後継者の出産を要請されている。しかし、対象者は自身に内在している父系親族規範、とりわけ婚家のために男子後継者を出産するという嫁役割規範に依拠することで、自ら生家の後継者要請を拒否して嫁役割に徹したのである。

事例7――妻方の姓を継ぐ第二子の出産を夫に反対された茅麗麗さん

茅麗麗さん家族は長男が生まれてから小学校に入学するまで妻方親と同居していたため、長男の日常的な世話は実父母が担当した。子どもが小学校入学後、親子三人だけの生活を始め、現在では近居している義父母から主に育児サポートを受けている。

すでに長男を出産した茅さんは、妻方の姓を継ぐ第二子の出産を夫に反対されている。夫が第二子の出産に反対する理由は以下のとおりである。

実父母からは我が家の姓を継ぐ後継者の出産を要請されていましたが、夫の反対を受けたので、両親にその考えを断念するように説得せざるをえませんでした。夫には反対する理由が主に二つありました。一つ目は、もし第二子も息子だったら息子を二人もつことでかかる経済的負担が大きいという理由です。二つ目の理由は、夫の実体験に基づくものでした。夫には弟がいて、幼少期から常に勉強ができる弟と比較されて育ったためつらかったと、夫からよく聞かされました。

以上、妻方親から後継者の出産要請を受けて受容した事例5、第二子に妻方の姓をつけるのを女性対象者が拒否した事例6、さらに女性対象者の夫が出産に反対した事例7を検討した。事例5は、婚前協定によって第二子が妻方の姓を継ぐ条件で両家の親の間で合意があったにもかかわらず、次男が生まれてから夫方親や対象者の夫が次男に妻方の姓をつけること、さらに女性の両親を「爷爷奶奶」と呼ぶのに反対したことで、両家の間と女性対象者夫婦の間で対立が生じて離婚騒動にまで発展した事例である。これは妻方の後継者を獲得することの難しさを物語っていて、子ども、とりわけ男児は夫方に帰属する存在だと夫方親が捉えていることを示唆するものである。このような考えは事例6と事例7でも同様に確認できる。

最後に、妻方の家系の後継者を目的にしない妻方親による出産要請を四件取り上げる。四件のうち、女性対象者が出産要請を受容したのは一件、拒否したのは三件である。拒否した理由として、嫁役割をすでに達成したこと、子育てと仕事の両立が困難であること、子どもの面倒をみる人がいないことを挙げている。

妻方親の出産要請を受容した事例8と、拒否した事例9を紹介する。

事例8――実母の影響を受けて第二子を出産した銭琴さん

銭琴さん夫婦は結婚当初、どちら側の親とも同居せずに夫婦二人だけの生活をしていたが、第一子の長男が生まれてから義母は銭さん夫婦が生活するマンションで同居するようになり、子どもの世話をした。一年後に銭さんの実母が定年退職したため、長男を実母に預けて夫婦はまた二人で暮らしはじめた。第二子の長女を出産したあと、家族全員で銭さんの実親との同居を始めたことで、実親が子どもたちの世話をしている。

もともとは第二子を産むつもりはありませんでした。しかし実母からは、一人っ子は寂しいし、将来親であるあなたたちの老後を世話するときに、子どもにきょうだいがいたほうといいと言われました。

実母はさらに日常的に世話をしていた息子に、妹や弟がいたら楽しいよと言い続けました。息子もその気になり、実母と一緒に、私にきょうだいをもう一人産んでほしいと訴え続けました。実母と息子の影響を受けて、私もだんだんとそのような気持ちになり、第二子を産む決心をしました。

事例9——息子を産んで嫁の任務を達成したので、あとは自由に暮らしたい桑晨さん

桑晨さん夫婦は結婚当初からどちらの親とも同居せずに、夫方親が用意したマンションで暮らしている。長男は生まれてから現在に至るまで、昼も夜も義父母に預けられている。桑さん夫婦は夕方にそれぞれ職場から義父母の家に戻って息子とだんらんするが、夕食後は長男を義父母宅に残したまま夫婦だけで自宅に帰る。桑さんは息子は子どもというより、弟というか、遊び仲間という感覚に近いという。

実母はとても子どもが好きです。現在一人っ子の長男は義父母にとてもかわいがられていて、いつも義父母と一緒にいるので、実母は息子の面倒をみたくてもみられないことが多いです。そのため実母はとても寂しくて、私にもう一人産んでほしいと希望しています。第二子が生まれたら、義父母には長男、実父母には第二子という感じで子どもたちをそれぞれの親に預けたらいいと実母は言っています。実母は孫の面倒をみたくて、孫と一緒にいられることを切に望んでいます。

> しかし自分にとってもまた夫にとってもそれほど子どもをほしいという気持ちは強くありません。もう息子を産み、夫方の子孫を残すという任務を達成したというか、やるべきことをやったと感じています。これからは自由に、自分の好きなように暮らしていきたいと思っています。

事例8は妻方親の要請を受容して第二子を出産した事例であり、事例9は反対に妻方親の要請を拒否した事例である。妻方親の出産要請に対しては、受容する者もいる一方で、もうすでに夫方のために男児を出産して嫁役割を達成できたことを理由に拒否する者もいる。これらの事例は、女性対象者は父系親族規範のもとで嫁役割を自らが果たさないといけないと自覚する一方で、妻方親からの出産要請は必ずしも受容すべきものではないと捉えていることを示唆する。

おわりに

以上の分析結果をまとめると、四十人の女性対象者のうち、第二子をすでに出産した者または出産する予定がある者が多く（四十人のうち十九人）、そのなかでも親世代から第二子の出産を要請されている者が大多数である（十九人のうち十二人）。また、出産を躊躇している者と出産する予定がない者も親世代から第二子の出産要請を受けている者が多い（二十一人のうち十五人）。第二子の出産に関して夫方親からの出産要請が四件、両家の親からの出産要請が六件、妻方親からの出産要請が十七件あることから、親世代、とりわけ妻方親が子世代に第二子の出産を要請する事例が多いことがうかがえる。

次に、女性対象者が出産した第一子はほぼ全員夫方の姓を継いで夫方に帰属していることから、第一子の帰属については夫方親と妻方親の間で交渉の余地はほぼないことが明らかである。他方、第二子の出産と姓の交渉については、夫方親と妻方親との間で、さらに親世代と子世代との間で交渉がおこなわれていることがわかった。その交渉をめぐっては、まず両家の親の間で婚前協定が交わされ、第二子が妻方の姓を継いで妻方の子孫になることを両家の親の間で合意していたケースが五件あった。ただしそのうちの二件は条件つきだった。その条件とは、もし第一子が女児で第二子が男児なら、男児は夫方の姓を継ぎ、女児を夫方の姓から妻方の姓に改めるという内容だった。こうした事例からは、妻方親は自ら家系の後継者を獲得するための交渉をするものの、決して夫方親の利益——後継者獲得、とりわけ男子後継者の獲得——を侵害しないという父系親族規範の原則が守られていることが浮き彫りになった。

さらに、夫方親が女児を出産した息子夫婦に男児の出産を要請していることから、男子後継者へのこだわりが見て取れる。ただし、すでに男児を出産した息子夫婦に第二子の出産を要請した場合、妻方親への配慮もみられた。実際に第二子は女性対象者の姓を継いでもいいと夫方親から提案があった事例が四件もあった。他方、妻方からの出産要請には妻方の後継者の確保という目的が多いが、夫方親にみられるような男子後継者へのこだわりは特に確認できなかった。この結果から、夫方が男子後継者へのこだわりをみせるとともに、すでに男子後継者を獲得した夫方親が妻方親の後継者獲得に協力する姿勢が見て取れる。このことは同時に、夫方親は子どもが夫方に帰属すると認識していることを示唆するものである。妻方親は後継者を獲得したいというニーズはあるものの、男子後継者へのこだわりは特になく、また妻方親の後継者出産要請は、決して夫方親の利益を侵害しないという原則が守られている。すなわち、夫方親と妻方親がともに後継者を要請するが、前者には後継者、とりわけ男子後継者を要請する正当性があるのに対して後者は同様の正当性をもたないことが判明したのである。

また子世代の反応に関しては、女児を出産した息子夫婦は夫方親の男児出産の要請を受け入れる姿勢をみせている一方で、妻方親の後継者の要請に対しては、受容する事例もあるものの、女性対象者自身あるいは女性対象者の夫による拒否もあり、ケースバイケースである。この結果から夫方のために後継者、とりわけ男子後継者を出産することを女性対象者とその夫は自分たちの役割として受容するが、妻方に後継者を残すことは必ずしも自分たちの役割としては認めていないことがうかがえる。

このように、夫方親は家系の後継者、とりわけ男子後継者の出産を要請し、子どもを家系の後継者として見なす傾向があるのに対して、妻方親は後継者の出産を要請するものの、男子後継者への強いこだわりはもっていないようである。これはおそらく正統性という意味で、夫方親と妻方親の出産要請に差があることと関連するのだろう。つまり親世代の出産要請に対して、女性対象者は婚家のために男子後継者を出産する嫁役割を義務として捉えているが、生家のために後継者を出産すること、つまり跡取り娘役割を必ずしも自身の役割として受け止めていないため、跡取り娘役割よりも嫁役割を優先していることがわかった。また、女性対象者の夫は子どもを夫方に帰属する存在として捉えている者が多く、そのため対象者たちは夫との対立を避けるため、妻方親の要請を拒否する事例もある。だが、場合によっては夫婦の間あるいは両家の親の間で、第二子の出産や姓をめぐって対立が生じる恐れもあることが本章の考察によって明らかになった。

注

（1）前掲「当代城市青年夫婦生育意愿与生育行為探析」九九―一〇五ページ
（2）同論文九九―一〇五ページ、前掲「後継者の獲得をめぐる世代間の交渉」
（3）前掲『一人っ子政策と中国社会』、前掲「後継者の獲得をめぐる世代間の交渉」
（4）前掲「当代城市青年夫婦生育意愿与生育行為探析」九九―一〇五ページ、前掲「父母如何影響女性的二孩生育計划」一七―二九ページ
（5）Fong, *op. cit.*、前掲「〝80後〟婚姻中的姓氏之争」四八―五五ページ、李芬／風笑天「照料〝第二个〟孫子女？――城市老人的照顧意願及其影响因素研究」「人口与発展」第二十二巻第四期、北京大学、二〇一六年、八七―九六ページ
（6）Fong, *op. cit.*
（7）前掲「父母如何影響女性的二孩生育計划」一七―二九ページ、前掲「後継者の獲得をめぐる世代間の交渉」

（8）前掲「性別偏好的代际影響」一五―二八ページ
（9）前掲「当代城市青年夫婦生育意愿与生育行為探析」九九―一〇五ページ
（10）前掲「〝厳母慈祖〟」一四八―一七一ページ、鄭楊「伝統と現代、独立と依頼――中国都市家族の子育てからみた世代間関係の矛盾」、小池誠／施利平編著『家族のなかの世代間関係――子育て・教育・介護・相続』（「家族研究の最前線」第五巻）所収、日本経済評論社、二〇二一年
（11）Yan, *Private Life under Socialism: Love, Intimacy, and Family Change in a Chinese Village, 1949-1999*, Liu, *Gender and Work in Urban China:Women Workers of the Unlucky Generation.*
（12）前掲「照料〝第二个〟孫子女？」八七―九六ページ
（13）前掲「〝80後〟婚姻中的姓氏之争」四八―五五ページ
（14）前掲『中国家族法の原理』
（15）一部の地域では、嫁入り婚でも婿入り婚でもない「並家婚」が導入されている。前掲「蘇南地区的并家婚姻考察」二四―二八ページ
（16）田雪原／王国強編、中国人口学会『中国の人的資源――豊かさと持続可能性への挑戦』法政大学大学院エイジング総合研究所訳、法政大学出版局、二〇〇八年
（17）Shi, *op. cit.*, Eklund, op. cit., pp. 295-312.
（18）前掲「中国都市部における既婚一人娘と生家および婚家との関係性」一九九―二一七ページ
（19）前掲『个体家庭 iFamily』
（20）風浪「命案，為争奪児子的姓氏権〝姓氏権〟」「公安月刊」二〇〇三年第五期、河南省公安庁、五二―五三ページ、前掲「〝80後〟婚姻中的姓氏之争」四八―五五ページ
（21）前掲「命案，為争奪児子的姓氏権〝姓氏権〟」五二―五三ページ、前掲「〝80後〟婚姻中的姓氏之

争」四八―五五ページ

(22) 俞茜さんと邢露莹さんはともに親世代から第二子の出産を反対されている。反対された理由は、孫の世話をする際の経済的・身体的負担である。この二件は第7章で扱うので参照されたい。

(23) 実際は施雅楽さんのケースをみると、王萌荷さんのこうした心配は的外れではないといえるだろう。というのも、施さんは「義父母は自分たちの姓を継ぐ息子（孫）を溺愛し、私の姓を継ぐ娘（孫娘）を息子（孫）ほどには大切にしてくれません。実母は娘（孫娘）がうちの姓を継いでいるから父方の祖父母に大切に扱ってもらえないのではないかと思っています。こんなことになるならば初めから娘（孫娘）を夫方の姓にすればよかったと、いまでも私に文句を言っています」と語っているためである。

(24) ほかに妻方の姓を継いでいる子どもでも、父方の祖父母を「爷爷奶奶」と呼び、父方祖父母のメンツに配慮するケースもみられる。例えば施雅琴さんは以下のように述べている。「夫方の姓を継ぐ息子も私の姓を継ぐ娘も父方の祖父母を「爷爷奶奶」、うちの両親を「外公外婆」と呼んでいます。娘は私の姓を継いでいるとはいえ、夫が婿入りしたわけではないので、娘にうちの両親を「爷爷奶奶」と呼ばせるわけにはいきません。娘は私の姓を継いでいるだけで、もう十分です。それ以上は求めていません」

第7章　子どもという存在

はじめに

ここまでの章では一人娘の女性たちの結婚や出産を中心に考察してきた。親世代は一人息子または一人娘のために結婚用住宅を購入して部屋の内装をすませる。また、新居に必要な家財道具をそろえて乗用車を提供する。そのうえに現金をもたせることも多い。一人娘や一人息子に子どもが生まれると、一人っ子世代の親たちは子ども夫婦と同居するか、または昼間に子世代が仕事をしている間に孫を預かり、保育園に入るまで孫の日中の面倒をみる。孫の保育園入園後は保育園への送迎と、一人っ子世代が仕事から帰るまで孫の世話を担当する。そのほか子世代や孫世代の生活費を負担することも珍しくない。子どもに尽くす親世代、または孫にまで尽くす祖父母世代と表現しても過言ではないだろう。

他方、第5章と第6章の考察を通して、一人っ子世代に後継者の出産を要請し、それぞれの家系の後継者を獲得したいという親世代のニーズが存在することも明らかになった。すなわち従来どおりに父系親族規範に依拠し、生まれた子どもを父系の子孫として捉える夫方と一人娘を介して後継者を獲得しようとする妻方との間で、子どもの帰属をめぐって交渉がおこなわれる。それとともに両家の親から第二子（多くは後継者）の出産を要請される一人娘は、従来の嫁役割とともに新たに跡取り娘役割も引き受けざるをえない。そのうえ、親世代の後継者要請と本人の希望との調整も必要であることが浮き彫りになった。

本章では、これまで夫方親と妻方親との間で、あるいは親世代と子世代との間で、争点になっている子どもを取り上げる。親世代と子世代にとって、子どもとはどのような存在なのだろうか。

柏木惠子は『子どもという価値』[1]のなかで、子どもの価値を「経済的・実用的満足（価値）」と「精神的満足（価値）」の二つに分け、前近代社会では子どもの「経済的・実用的価値」が高く、近代社会では「精神的価値」が高いと分析している。さらに、子どもをもつか否かを決める際に、親は子どもをもつことの有用性（価値）とコストを天秤にかけて判断すると述べている。本章では柏木の分類に依拠しながら、中国社会での子どもの価値とコストを考察する。

まず、中国社会では子どもがもつ経済的・実用的価値がいまだに高い。「養児防老」（子ども、とりわけ息子を養育して老後に備えること）は中国の伝統的な高齢者扶養・介護モデルであり、今日でも主要な高齢者扶養の手段である。子どもが幼いときには親に養育してもらうが、将来老いた親を扶養するという双方向的な世代間関係である。このような関係を費孝通は「フィードバック式世代間関係」と表現し、中国家族の特徴だと説明した。[2] いまだに年金制度と医療保険制度が完備されていない中国の農村地域では、子どもによる高齢者扶養と介護が果たす役割は相変わらず大きい。そのため、一人っ子政策で出産可能な子どもの数が制限されると、農村部の人々は女児の中絶や遺棄をしてまで男児を獲得しようとする。その結果、新生児の性比の不均衡が起きたことは前述したとおりである。

本調査の女性対象者たちが居住する都市部でも、年金制度と医療制度自体はあるものの不十分である。そのため、老後の扶養・介護または病気などで大きな出費が必要になった場合、親世代は子どもに頼らざるをえない。つまり、都市部でも子どもは高齢者にとっては重要な介護・扶養の担い手なのである。とりわけ一九八〇年代以降、中国政府が福祉分野から撤退したため、個々人の福祉で家族の相互扶助の機能がますます強化されるようになり、高齢者の扶養と介護(と若い世代の子育て)を家族・親族内でおこなわざるをえなくなった。[3] 九六年十月から実施された中華人民共和国老年人権保障法では、老親を扶養することが子どもの責任であると明記されているほどである。

実際に一人っ子の親世代は子どもをどのような存在として捉えているのか。また一人っ子世代は、親世代の子ども観をどのように受け止めているのか。以下、具体的な語りから親世代と子世代の子ども観(価値とコスト)を分析していく。

1　一人っ子の親世代の子ども観——子どもという価値①

親たちは、まず子世代に将来の扶養・介護を期待していることが本調査の女性対象者の語りから確認できる。多くの対象者は将来、義親と実親、合わせて四人の高齢者を扶養・介護しなければならない。それをすることが自分たち一人っ子世代の責任と受け止めながら、その重さを口にしている。さらに親世代は子世代に老親の扶養・介護を期待すると同時にこのようなフィードバック式の世代間関係が今後も続くことを想定して、対象者たちに第二子の出産を要請し、孫世代の負担を減らそうとしていることも以下の事例から読み取れる。

事例1——実母から第二子の出産を要請されている蔣婷婷さん

母にはきょうだいがいますので、きょうだいがいたほうが子どもは寂しくないし、また将来親の扶養や介護の負担が軽くなると考えています。私たち一人っ子世代は、現在は親がまだ若く健康だから、将来の負担の重さを十分に理解できていません。あと十年二十年したら、夫婦二人で四人の高齢の親を扶養・介護するのは、負担が重いと思います。

母は将来のことを考えて、子どもが少なくても二人はいたほうがいいと考えています。そうなれば、将来親の扶養と介護が必要になったときに、きょうだい二人で相談することができ、負担も少しは軽減されると言っています。

事例2も老後の介護・扶養の責任が一人っ子だと重いからという理由で、実母から第二子の出産を要請されたものである。

事例2——将来の老親扶養の負担を考えて子どもは複数人いたほうがいいと実母に言い聞かされてきた盛吉麟さん

将来年をとって入院が必要になったときに、もし子どもが一人だけなら、毎日病院に行き、入院中の親の面倒をみないといけません。そのほかに家事や育児もあります。また仕事もあります。体一つではこなせません。そのときにきょうだいが複数人いたら、みんなで輪番で入院中の親をみることができます。

母は人生の先輩として、子どもを複数産み育てないといけないよとアドバイスをしてくれました。人生の最後の最後は病気になり、入院することになるので、そのとき子どもがたくさんいることがいかに重要であるのかということを繰り返し繰り返し言い聞かされました。

このように都市部でさえ、老親の扶養・介護は子どもが果たす責任だと捉えられ、そのために複数の子どもを産み育てることが必要だと親世代は考えていることが女性対象者の語りから読み取れる。そのような意味で、子どもの経済的・実用的価値はいまだに大きいといえるだろう。

それ以外に、親世代は子どもに、とりわけ娘に情緒的な関わりを求めていて、日常生活のなかでの思いやりや病気になったときの病院への付き添いなどを求めていることも女性対象者の語りから明らかになった。その延長線上で、娘夫婦に女児の出産を要請するケースも確認できる。

事例3――実母に精神的に頼られる黄朱鴻さん

中国人がいう「養児防老」という感覚でしょうか。私が成長するにつれて、両親は経済的な意味ではなく、精神的な意味で私に多くのことを期待するようになりました。彼らは私に娘として、老後彼らのそばにいて、精神的に支えることを期待しています。

例えば、母は病気になったときに、必ず私に病院まで付き添うことを求めます。父もそばにいることはいるのですが、もし私が母を病院に連れていってあげなければ母は不満を表します。私に頼りたいという親の気持ちがどんどん強くなっていることを実感しています。

事例4――母が自分の気持ちを整理するために娘である私が必要だと言う張莎莎さん

母との関係は母娘というよりは、姉妹に近いものです。日常生活で何か面白くないことがあったら、必ず相手に伝えます。私も母も互いにそうしています。母は私のことを思いやり、私は母のことを思いやります。母はほかの人との間で不愉快なことがあったら、必ず私に言ってきます。私は母にとって気持ちを整理するためにはなくてはならない存在です。

事例5――実母から女児の出産を要請される陳瑞さん

母からはもう一人、できれば娘を産んだほうがいいと言われています。娘のほうが親の私たちに将来寄り添ってくれるからと言われています。

親世代は娘に情緒的な関わりを求め、実際に娘と強い情緒的な関わりをもっていることが女性対象者の語りから判明した。さらに親世代は現在の娘との関係性を通して、将来のために娘自身もまた娘をもったほうがいいと考え、娘夫婦に孫娘の出産を要請しているのである。

このように一人娘の親世代にとっては、子どもが老後の扶養・介護の担い手という実用的価値と情緒的な関わりの対象という情緒的価値をもっているのである。しかし、子どもはそれ以外に、文化的価値をもっていることも明白である。ここまで本書で繰り返し指摘してきたように夫方も妻方も家系の後継者にこだわっているが、それは必ずしも実用的価値や情緒的価値によるものだけではない。なぜなら一人っ子世代の親たちにとっては、彼ら自身の扶養・介護、または情緒的な関わりだけなら、子どもがいれば十分であり、孫世代は必須ではないからである。このように親世代が娘夫婦に第二子を要請して家系の後継者にこだわるのは、家系を継続させたい、子孫と姓を残したいという中国人の生き方という視点抜きでは理解しがたい。つまり、子孫を残し、家系を継続させること、いわゆる「传宗接代」は親世代にとっては生きる目的と化している。したがって「断子絶孫」だけは必ず避けなければならないのである。

第5章での盛吉麟さん（一二六—一二八ページ）と俞莹莹さん（一一四—一一六ページ）の語りからわかるように、一人娘の両親は家系の断絶を忌避するため、一人娘を介して後継者を獲得しようとしている。とりわけ、娘しか出産できなかった盛さんの母親は自身が婚家のために男子後継者を出産するという嫁役割を果たせなかったため、娘に生家の後継者(つまり母親にとっての婚家の後継者)の出産を求めているのである。

以上みてきたように、一人娘の実親が家系の後継者にこだわっているのは、「传宗接代」が中国の人々の生きる意義と大きく関連するためである。[4] すなわち親世代は先代から受け継いだ命、親に養育してもらった恩義を次世代にバトンタッチし、それまで受けてきた恩義を返していく義務があると考えている。そのため、子世代にも結婚をして子孫を残すように要請しているのである。[5] 実際、中国の都市部と農村部のいずれでも、人々が子どもを出産するいちばんの理由は、「传宗接代」であるという調査結果もある。[6] ここからは、子どもは実用的価値、情緒的価値に加え、文化的価値をもっていることがうかがえる。夫方も妻方も家系の後継者獲得にこだわり、子どもの結婚にそれぞれ高額な住宅や持参金を提供して、結婚前に生まれる子どもの姓を交渉する、あるいは結婚後子どもも夫婦に第二子の出産を要請する。それは、子孫を残すことと家系の後継者を確保することが中国人の生き方の根底にあるからである。

このように一人っ子世代の親たちにとっては、子どもは実用的価値と情緒的価値とともに、家系を継承する後継者としての文化的価値をもっていることがわかる。

他方、これまで親世代から唯一の子どもとして愛情と教育投資を一身に受けてきた一人娘は、親世代からの期待をどのように受け止めているのだろうか。さらに、一人娘を妻にもつ夫たちはどのような子ども観をもっているのだろうか。

2 一人娘の子ども観――子どもという価値②

家庭での唯一の子どもである一人娘は、娘でありながら息子として育てられてきた。そのため彼女らは親から娘役とともに息子役も期待されていることを自覚している。このことは、女性対象者たちの語りから確認できる。

事例6――娘でありながら息子でもあると言われて育てられてきた柴从容さん

子どものときから両親にあなたは娘ですが息子でもあると言われ、育てられてきました。将来大人になったら、あなたはこの家の跡取りであり、この家もあの家〔結婚後の婚家を指す‥引用者注〕も、つまり両家の面倒をみる責任があるというふうに教育を受けてきました。

親たちはいずれ年をとり、体が動かなくなります。そうなったら、親の扶養と介護は唯一の子どもである私の責任です。そして、私は家族に関連する重要なことを決める責任があり、また家族を支える大黒柱としての役割を果たさないといけません。

次の事例は、一人っ子世代が将来に老親を介護するときの人手不足や相談相手の不在を危惧しているものである。

事例7――きょうだいがいれば老親扶養の負担を分担し、相談する相手になれると語る趙尊文さん

父母の養老について、私は人手が足りないことを心配しています。経済的な心配は特にありません。実の両親には年金がありますし、また義理の両親には年金はないですが、養老保険に入っています。お金よりは人手が足りません。もし誰かが病気になったら、私たち夫婦だけでは面倒をみきれません。

この前、母が病気になり、手術をしました。私一人では何もできないことを痛感しました。子どもが二人いれば、分担できたでしょうし、相談相手にもなれたかもしれません。

また、一人娘として期待されているのは老親の扶養・介護だけではない。跡取り娘として、生家の後継者を出産することも期待されているのである。

事例8――家系の後継者の出産を期待される曹霞さん

もともと私は一人娘で、我が家には息子がいません。しかし、伝統的には家系を継承するためには息子が必要です。したがって、私の子どもに我が家の姓を継承してもらうことがいちばんいいと、最初はみんなそう思っていました。それで結婚前に子どもが生まれたら、そのうちの一人は私の姓を継承することについて両家の両親が合意していました。

柴さん、曹さんは実親からの出産要請を受け、生家のために子孫を残すことを自らの役割として受け止めている。二人とも子ども二人を出産して第二子は妻方の姓を継ぎ、生家の後継者を獲得することができた。また、実親から第二子を要請されていなくても自ら生家の後継者を獲得しようとしている者もいる。事例９は女性対象者が家系の後継者としての子どもの文化的価値を認めたうえで、実父の姓を継ぐ子どもは、これまで自分を慈しみ、大事に育ててくれた親への恩返しであり、娘から父親へのプレゼントであると捉えているものである。

事例９――子どもは父へのプレゼントであり、父に子孫を残してあげたい施雅楽さん

私には二〇〇九年生まれの双子〔一男一女：引用者注〕がいます。息子は夫方の姓を、娘は私の姓を継いでいます。夫はとてもいい人で、オープンマインドな人です。義理の両親も娘が私の姓を継ぐことに対して特に反対することもなく、同じくオープンマインドな人々です。

子どもの姓について、結婚前に話したことはありませんでした。双子だとわかり、子どもの姓が夫婦の間で話題になりました。もし生まれた子どもが二人とも息子なら二人とも夫方の姓を継ぎ、もし娘がいたら私の姓を継ぐのもいいなと思いました。息子は家系の後継者という考えがありますので、私の姓を継いでもらうなんて考えてもみませんでした。父と母からもそのような考えをもっていてはだめだと言われました。二人とも夫方の姓にすればいいと言われました。私は、父と母に、もし生まれた子どもが息子なら私たちの姓を継いでもらうことを考えてはいないが、子どもが娘ならうちの家系の後継者になってほしいと言いました。

この地域では、第二子が母方の姓を継ぐことはわりと多いんですよ。第二子は息子でも娘でも妻方の姓を継ぐことはわりと多いです。現在では伝統的な考えにとらわれない人が多いです。昔と違って。

父と母は、子どもに私たちの姓を継いでもらうことには反対でした。夫方と対立してしまう恐れがあるから、私たちはそれほど姓の継承にこだわっていませんと。あなたさえ幸せに暮らしてくれれば、うちの姓を継ぐ子どもがいなくてもかまわないと言ってくれました。しかし、私には私なりの考えがありました。一人にうちの姓を継いでもらいたいと思っていました。私がそう言うと両親はそれ以上反対しませんでした。

大変な思いをして双子を産んだのは私です。私は、父に子孫を残してあげたいと思っているのです。父は七、八歳のときに祖父を亡くし、祖母によって育てられましたが、祖母は〔父の弟にあたる：引用者注〕叔父ばかりを溺愛し、父のことをあまり大切にしませんでした。だから父は幼いときから仕事を始め、ずっと苦労ばかりしてきました。父も母も私をとても大切に育ててくれました〔泣きだす：引用者注〕。ですから、私は父に子孫を残してあげたいと思っています。私はあまり愛情表現が得意ではありませんが。

このケースでは女性対象者は、自分が出産する子どものなかで、もし娘がいたら娘に妻方の姓をつけて父の子孫にしてあげたい、また実父の姓を継ぐ孫はこれまで自分を大切に育ててくれた父への愛情表現だと語っている。施さんによると、姓を継ぐ子どもは家系の後継者であるだけでなく、親に感謝を表現するプレゼントなのである。このケースでは、対象者が子どもを文化的価値をもつ存在として捉えていることがわかる。

このように、一人娘は婚家の後継者を出産する嫁役割とともに、生家の後継者を出産する跡取り娘役割（息子役割）も果たしているのである。他方、一人娘のうち、既婚女性として婚家のために後継者を出産することは自らの役割であると認めるが、生家からの後継者出産要請を必ずしも受け入れていない女性対象者も多い。前述した邵青青さん、盛吉麟さんはその代表的な事例である。

つまり結婚し出産するときに、一人娘らは従来の嫁役割とともに、生家から老親扶養と家系の後継者の出産をするという跡取り娘役割が期待されている。一人娘は、親世代にとっての実用的価値と情緒的価値に賛同する一方で、家系の後継者という文化的価値に対しては一律に許容するとはかぎらないのである。

3　一人娘の夫たちの子ども観——子どもという価値③

一人娘は両家の親の扶養・介護の役割を引き受けながらも、既婚女性として婚家のために後継者を出産する役割を受容するのに対して、生家からの後継者要請に関しては受容する者と拒否する者がいる。それに対して一人娘の夫たちはどのような子ども観をもっているのだろうか。

本書の調査では、一人娘の夫が子どもを父系子孫と見なし、子どもがもつ文化的価値を認めている傾向が確認できる。そのため、夫婦間の不和また両家の親同士の対立を避けるため、夫の価値観を認めて生家の後継者要請を拒否し、第二子の出産を断念する事例が確認できる（俞莹莹さんや茅麗麗さんはその代表的な事例である）。他方、一人娘が生家側に立ち、生家の後継者要請に協力する姿勢を示す場合、夫婦の間で、さらに両家の間で対立が生じていることは前出した曹霞さんの語り（一五六―一五九ページ）からも確認できる。

また、一人娘の配偶者のうち、子どもは父系一族のものであるために子どもの姓は自分自身または夫婦だけでは決められないと考える夫もいた。前出した漏静泊さんの事例（一〇四―一〇九ページ）を参照されたい。

また女性対象者の夫のなかには子どもがもつ後継者としての文化的価値を認めたうえで、妻方親の後継者獲得ニーズに配慮し、子どもに妻の姓を継がせることを提案する事例も確認できる。

事例10と事例11はともに第一子の長男は夫方の姓、第二子の長女は妻方の姓を継いでいる。第二子の姓に関しては、夫から妻方の姓を継がせることが提案された。

事例10――第二子に妻方の姓を継がせることを夫から提案された銭琴さん

夫も私も一人っ子だったため、夫から第二子はあなたたちの姓を継がせたらどうですかと言われました。義理の両親も許してくれました。私は夫の提案を聞いて、とてもうれしかったです。

事例11——同じく、第二子の姓について夫から提案された章如玉さん

私はその提案を心からうれしく思いました。しかし口頭ではわざわざどうしてそのような提案をするのかと聞き、彼の本心を確かめずにはいられませんでした。

そのほか、一人娘の夫のうち、子どもの姓に関心を示さない、陳馨さんの夫のような事例も確認できる。

以上、本章で考察してきたとおり、一人娘の夫らは、子どもの姓に無関心な者もいるものの、子ども、とりわけ男児を父系親族に帰属する存在として捉えていて、そのため妻方の後継者出産要請を受け入れなかったり、また自分では決められなかったりする。また、子どもを父系親族に帰属する存在として捉えながらも、妻方の後継者獲得ニーズにも理解を示して配慮する事例もあった。

ただし、第二子が妻方の姓を継ぐ事例は、第一子が男児で第二子が女児という特徴がある。つまり、夫方はすでに男子後継者を獲得できていること、また妻方に譲渡したのが女児である（男児ではない）ことは興味深い。加えて、夫方親が女児を出産した息子夫婦に男児の出産を要請するのに対して、男児を出産した息子夫婦に第二子を要請する場合、第二子は妻方の姓を継いでもいいと提案する場合がある。これは後継者の獲得に関しては、夫方は妻方より優位な立場にあり、また男児は女児よりも後継者としての価値が高いことを示唆する。

言い換えれば、子どもはもともと夫方のものである。状況によって妻方に譲渡することがあったとしても、貴重な男児は譲渡しがたい。そのため、婚前協定があるとはいえ、第一子が女児で第二

子に男児が生まれた場合、男児は夫方の姓を継ぎ、第一子の女児は妻方の姓に改めると条件づけるケースがある。また婚前協定があり、長男がすでに夫方の姓を継いでいる曹霞さんのケースでは、曹さんが次男に妻方の姓をつけたことで夫方親と夫はメンツを失ったと考え、夫婦の間で、また両家の親の間で大きな対立が生まれ、離婚騒動にまで発展した。さらに、邵青青さんのように、長女のあとに第二子の息子が生まれたときに、義父母や夫の不満、あるいは両家の対立を避けるために、自ら第二子に夫方の姓をつけた事例もある。

以上の分析結果から、子ども、とりわけ男児は父系親族に帰属する夫方の後継者であり、夫方の血統継続と老親扶養を担う存在であるという子ども像があるといえるだろう。他方、一人娘の親は、娘による扶養を求めるとともに、娘を介して妻方の後継者を獲得する必要があった。とはいえ、娘、娘の夫、娘の嫁ぎ先の両親や親族、さらに彼らを取り囲む地域社会というコンテキストのなかで、妻方の後継者獲得を実現することはなまやさしいものではない。もっとも、たとえ第二子だったとしても女性対象者が出産した子どもが妻方の姓を継ぐケース自体が少ない。そのうえ、仮に第二子に妻方の姓を継がせている場合でも第二子が女児であるケース、結婚前に両家の親の間ですでに協定が交わされているケース、または夫から提案されたケースが多いことが妻方の後継者獲得の難しさを物語っている。

4　一人っ子の親世代に経済的・身体的負担を強いる存在——子どもというコスト①

子どもは実用的価値、情緒的価値、文化的価値をもっている。他方、ここまでみてきたように、一人っ子世代は結婚も育児も親世代に頼りがちであるため、親世代の発言力や交渉力が高まるだけではなく、親世代の負担が重くなっていることもまた事実である。そのために、これ以上の育児サポートを提供できないという理由で、子世代にもうそれ以上出産しないことを要請する親もいる。つまり、一人っ子の親世代は育児サポートの負担——経済的負担とともに身体的負担——の大きさを理由に、子世代の第二子の出産に反対するのである。親世代のなかでも、夫方親が特に負担を重く抱えているようである。

他方で、子世代は親世代の経済的援助と育児サポートに大きく依存するため、親世代の出産要請に応じるほかない。それとともに、親世代から反対された場合、出産の実行は困難であることが判明した。前述した陳馨さんは義母から体調不良を理由に第二子の出産を反対されたと言う（一一一—一一二ページ）。以下で紹介する事例12と事例13は、親世代、とりわけ現在第一子の世話をしている夫方親から経済的負担と身体的負担が大きいという理由で第二子の出産を反対された事例である。

事例12——第一子の妊娠初期に義親から第二子の出産を断念するように要請された俞茜さん

俞茜さんには二〇一三年生まれの娘が一人いる。娘が生まれてから三歳になるまでは、実母が俞さん家族と同居して娘の世話をした。娘が二〇年九月に幼稚園に入園してから小学校に進学するまで、同じマンションの同じフロアに住んでいた義父母が俞さんの娘の幼稚園への送迎や宿題の監督、さらに夕食の準備などをすべて担ってくれた。俞さん夫婦は夕方に職場から義父母宅に寄り、夕食をすませてから自宅に帰る生活をしていた。

いまは第二子の出産を考えていません。義理の両親は私が妊娠したときから、もう第二子を産まないでほしいと言っています。第一子は娘でも息子でもかまわないと言いました。姑と舅はもう自分たちはだいぶ年をとっているので、子どもの世話は結構きついと考えているようです。

実母は義父母より若いので、もし私たちが第二子をほしければ、面倒をみると言ってくれましたが、姑と舅は息子でも娘でも一人で十分だとはっきり言いました。

私も夫も一人っ子できょうだいがいなかったためか、特に第二子を意識したこともありません。また、第一子は娘だから息子を産まないといけないという考えももっていません。

将来のこと、つまり私たちが年をとったときの扶養と介護に関しては、息子でも娘でも、親孝行であればどちらでもいいと思っています。

事例13――両家の親から第二子を出産しないように要請された邢露莹さん

邢露瑩さんの第一子は息子で、息子が幼稚園に通うまで、昼間は義父母から育児サポートを受けていた。現在、義父母は幼稚園に通う息子の送迎と、家族全員の夕食の用意を担当している。邢さん夫婦は朝起床したら子どもを義父母の家につれていき、夕食を義父母の家ですませてから家族三人で自宅に帰る生活をしている。

第二子の出産に関しては、邢さん夫婦には第二子がほしいという気持ちはあるものの、邢さんの実親は自分たちの生活や自由時間が必要で、子どもの面倒をみることは好きではないと言う。他方、義父母は長男を赤ちゃんのときから現在に至るまでもうすでに世話していて、これ以上第二子の面倒はみられないと言っている。

第二子の出産については、エネルギーが足りないというか、子どもの面倒をみる人がいません。息子は基本的に姑と舅が幼いときから面倒をみて、育ててきたようなものです。義父母に用事ができたときだけ、私の実親は義父母のかわりに子どもの面倒をみています。もし子どもがもう一人生まれたら、きっと二人の子どもの面倒を両家の親がそれぞれみる必要があります。義父母は二人の面倒をみるのは難しいと思います。

しかし、私の実親は子どもの面倒をみることが好きではありません。自由がなくなりますから。実親は自分たちの生活がほしいと考えています。私が夫方に嫁いだ人間で、子どもは夫方の子孫ですので、父方の祖母が責任をもって世話すべきだと母は考えています。第二子についでは、義父母は息子一人だけでも大変ですので、第二子の面倒まではみられないと言っています。

夫も私も、もしどちらかの祖父母が第二子の面倒をみてくれるなら、または第二子を産むように励ましてくれるなら、第二子をほしいと思っています。私たちの問題は主に子どもの面倒をみてくれる人がいないということです。

事例12と事例13ではともに、すでに第一子の面倒をみていて、また女性対象者夫婦の食事の用意まで担当している夫方親が、もう第二子の面倒をみる余力がないという理由から第二子の出産に反対の声をあげている。また事例13では子どもは夫方の子孫であるため、孫の面倒をみるのは父方祖父母の仕事だと妻方親は捉えていて、娘夫婦の子育てにあまり積極的に関わろうとしていないのである。このような態度は沙青洲さんの事例でも確認することができる。沙さんの実母も孫の世話は夫方祖母の仕事であると考えていて、たまに手助けすることがあってもいいが、自分たちが主な責任者ではないと発言していると沙さんは語る。

5 一人っ子世代の仕事やライフスタイルとの両立を困難にさせる存在
──子どもというコスト②

子育ての負担の大きさは一人っ子世代も多く言及している。前述した漏静泊さんや沙青洲さんが時間とエネルギー、金銭的制約について、また邢さんが子育て資源や育児サポートの不足について語っている。事例14は、子どもに寄り添い教育するという母役割が女性対象者たちの子育てと仕事の両立を困難にしていることを詳細に物語る。

事例14(事例1と同じ女性対象者)——子どもに寄り添い、教育する母である蔣婷婷さん

一人っ子の孤独感や将来の介護負担を考慮して第二子の出産を要請する実母に対して、子どもを情緒的な存在と見なし、子どもの養育と教育での母親の役割を強調する蔣婷婷さんは第二子の出産を考えていないと語る。その理由は以下のとおりである。

第二子を考えていない理由は、私は人より子どもの養育を重視しているからかもしれません。人より余計に気を使うからです。特に現代風の科学を取り入れた育児法よりは、私はもっと自然におこなう育児のほうがいいと信じています。子どもから求められたときに、子どものニーズに応えるほうが自然だと思います。例えば夜中に子どもが目を覚ましたとき、それに親がいちいち反応していたら、子どもが悪い習慣を身に付けてしまうと科学育児法は主張しますが、私はそうは思いません。子どもに求められれば、いつでも子どものニーズに応えようと思っています。

だから、子どもが生まれてから夜はずっと子どもと一緒に就寝しています。昼間は母が面倒をみてくれていますけれども。

さらに、第二子をもたない理由として、単なる体力の問題だけではなく、子どもの将来のプランナーとしての母親の役割にも言及する。

子どもの養育で人よりも気を使うため、私はとても疲れています。でも、それ以上に子どもの将来のこと、子どもに関する各種の計画にエネルギーをたくさん使っています。そのため子育てと仕事との両立が難しくなってきています。現在は母が子育てを全面的にサポートしてくれていて、そして母の子育ての価値観がおおむね私と一致しているので、大きな矛盾はないのですが、もしもう一人子どもが生まれたら、私の限られたエネルギーをさらに二人の子どもと仕事に分けなければなりません。そうなったら、娘が求めている愛情を十分に提供できなくなるかもしれません。これは子どもにとって望ましくないと思います。

普段は子育ては母と私が中心におこなっています。父は大いに協力してくれますし、夫も子どもの遊び相手を務めてくれています。子どもが生まれてから、戸籍をどこに登録し、いい学区に入るためにはどこにマンションを購入すればいいのか、修学前教育にはどのような習い事があるのか、またどこの教室やセンターの評判がいいのかなど、子どもの教育をはじめとする大きな計画はすべて私が責任をもっていて、夫にはときどき報告する程度です。もし、自分がもう少し利口なら、もっと夫や両親に任せればいいのでしょうが、私は心配症なので全部自分で責任をもってやってしまいます。

事例15は子どもをもつことと女性対象者自身の健康との両立、子育てと仕事との両立が困難であることで、第二子の出産を断念する事例である。

事例15（事例5と同じ女性対象者）――実母から女児の出産を要請されるが、自身の健康、就労と育児との両立で出産を躊躇している陳瑞さん

母からはもう一人、できれば娘を産んだほうがいいと言われています。娘のほうが将来は親の私たちに寄り添ってくれるからと言われています。一男一女を出産した友人の子どもを見て、うらやましく思うこともあります。しかし、実生活を考えると、娘を産む必要は本当にあるのかと思ったりもします。そして生まれてくる子どもは必ずしも娘というわけではないと思うと、ちょっと迷います。

また私は、自分の健康やボディラインが崩れて体形が変わってしまうことも心配です。すでに二人の子どもを出産した友人から、二人目を出産したあとは体調の回復が遅いと聞きました。そのうえ、出産や育児には短くても一年間はかかりますので、また退職せざるをえません[7]。いまは仕事を探すのもなかなか難しいです。私は現在の仕事に満足していますので、出産や育児による退職や再就職のことを考えてしまうと、なかなか結論が出ません。夫からも特に第二子を産むように言われていませんし、もうすでに息子を出産して任務を完了したといえるので、わざわざ第二子を産む必要もないかなと思います。

さらに、女性対象者自身のライフスタイルを実現したいという理由で第二子の出産を断念する事例もあった。事例16の対象者は孫の面倒をみたくて孫と一緒にいたいと望む実母に対して、息子を産み、嫁の任務を達成したので、あとは自由に暮らしたいと答えている。

事例16――息子を産み、嫁役割を達成したので、あとは自由に暮らしたいという桑晨さん

私にとっても夫にとっても子どもをほしいという気持ちはそんなに強くありません。もう息子を産み、夫方の子孫を残して、任務を達成したというか、やるべきことをやったと感じているからか、これからは自由に、自分の好きなように暮らしたいと思っています。もし第二子を出産したら、もっと家庭に縛られてしまいます。それはあまり望ましくありません。

自分の好きなように暮らすことについて、桑さんは次のように説明している。

私の人生には家族と仕事、友人という三つの大切なものがあります。友人は特に重要な部分を占めています。週末や年末年始になると、独身の友人を誘って一緒に過ごすことが多いです。例えば独身の友人が住宅を購入したときに、友人と一緒に住宅の下見をし、住宅の内装も一緒に考えました。友人たちは私にとって家族みたいなものです。

これ以外に、現在の子育てに対する負担感だけではなく、将来子どもが結婚するときに親として婚資を用意することに負担を感じているという事例もあった。すでに息子を出産した茅麗麗さんの夫は第二子の出産に反対している。もし第二子も息子だったら、息子を二人もつことでかかる経済的負担が大きくなることがその理由の一つだ。

おわりに

以上、本章の考察を通して、今日の中国都市部でも、子どもは老親扶養・介護の担い手という実用的価値と情緒的な関わりをもつ対象という情緒的価値とともに、家系の後継者という文化的価値をもっていることがわかった。親世代は子どものこれらの価値を高く評価し、子世代に第二子の出産を要請する。だが、子世代は親世代の子ども観を内面化し、子どもの実用的価値と情緒的価値を認めてはいるものの、家系の後継者としての文化的価値に対しては、嫁役割を優先して夫方の後継者だけを出産する者、妻方の後継者の出産も許容する者に分かれる。また一人娘の夫は子どもを夫方の子孫として捉える傾向があるが、なかには妻方の後継者要請に配慮する者も存在する。

他方、子どもを育てるコストという観点でみると、一人っ子の親世代では主に身体的負担と経済的負担を理由に第二子の出産に反対する場合がある。それに対して、一人っ子世代はそれ以外に子育てと仕事や自身のライフスタイルとの両立の難しさを挙げている。とりわけ子どもに寄り添い、子どもを教育する母役割が大きく期待される女性対象者は第二子の出産を躊躇しているようである。

本章での分析から、一人っ子の親世代と子世代の関係は相変わらずフィードバック式の世代間関係を維持しているといえるだろう。つまり、一人っ子の親世代は子世代に最高の養育・教育環境を用意し、子世代の結婚のために経済的な基盤を提供し、さらに孫が生まれると育児サポートも優先的に引き受ける。(8) そのかわり子どもに老親扶養と情緒的関わりを期待しながら、自らの生きる目的を達成するため、子世代に家系の後継者の出産を要請して子孫を残そうとする。

ただし親世代のうち、息子をもつ親と一人娘をもつ親との間での後継者の獲得をめぐっては、前者は優位にあり、後者は劣位にあるといえるだろう。すなわち父系親族規範のもと、子どもは父系親族に帰属するため、夫方親は息子夫婦の子どもを夫方の後継者として獲得することに大きな障害はない。それに対して、一人娘をもつ親は一人娘を介して妻方の後継者を獲得する際に、夫方の後継者、とりわけ男子後継者の獲得を優先せざるをえない。(9) また、夫方親、一人娘の夫、一人娘の規範意識に、さらに当該地域の婚姻と親族規範にも大きく影響を受ける。

他方、生まれてから今日に至るまで絶えず親世代の愛情と援助を受けて育ってきた一人っ子世代は、それぞれ家系の後継者としての役割を果たすことが期待されている。娘でありながら息子としても養育されてきた一人娘は、結婚するとき、嫁とともに跡取り娘という二重の役割を果たすことを期待されている。これらの家族内の役割と仕事との両立、または自身のライフスタイルとの両立が困難であるため、一人娘は嫁役割を引き受けながらも、跡取り娘役割を必ずしも引き受けようとはしていないのである。

また一人娘の夫と婚家の親は結婚した一人娘の女性対象者に対して従来どおりに嫁役割を求め、婚家の後継者、とりわけ男子後継者の出産を期待する傾向にあるものの、一人娘をもつ親の後継者獲得ニーズに配慮する事例もある。しかし、夫方と妻方は、双方ともに父系親族規範を順守している。夫方の後継者獲得ニーズを優先的に満たしながら、妻方の後継者獲得ニーズも一部許容するという夫方優先の関係性なのである。

注

(1) 柏木惠子『子どもという価値——少子化時代の女性の心理』(中公新書)、中央公論新社、二〇〇一年
(2) 前掲『生育制度』
(3) 吴小英「〝去家庭化〟还是〝家庭化〟——家庭論争背後的〝政治正確〟」「河北学刊」第三十六巻第五期、河北省社会科学院、二〇一六年、一七二—一七八ページ
(4) 李銀河『生育与村落文化』内蒙古大学出版会、二〇〇九年、前掲『生育制度』
(5) 前掲『生育与村落文化』、前掲『生育制度』
(6) 陳勝利/張世琨編『当代択偶与生育意願研究——2002年城郷居民生育意願調査』中国人口出版社、二〇〇三年、二〇三ページ
(7) 陳さんは第一子を出産したあとに一度退職したが、現在は再就職している。
(8) 親世代が経済的・身体的負担を重く抱えるため、それ以上に子世代や孫世代を支えきれないという

理由で子世代の第二子や第三子の出産に反対する事例もまれにある。

（9）ただし、生家の社会的・経済的地位が高い場合、妻方の後継者獲得は有利になる。代表的なのは周玉玲さんのケースである。

終章
一人娘の結婚と出産の特徴

はじめに

三十五年間にもわたる大規模な人口統制、すなわち一人っ子政策が二〇一五年についに廃止された。しかし、その後の中国の出生数は政府が期待するほどは増えていない。それよりむしろ一六年を除けば出生数は減少の一途をたどっている。一人っ子政策は中国社会にどのような影響をもたらしたのだろうか。父系親族規範に基づき生きてきた中国の人々は自らの生を全うし、さらに次世代や父系一族の再生産を図るために、どのような戦略を用いて一人っ子政策に対処してきたのだろうか。加えて一人っ子世代の誕生と一人娘家庭の大量出現は、中国の家族・親族にどのような変容をもたらすのだろうか。そして、それははたして父系家族・親族の制度まで根本的に変容させるだろうか。これらは、中国社会を理解するには避けては通れない本質的な問いである。

中国の伝統的な父系家族では、息子と娘は異なった役割が期待される。例えば息子が家系の後継者として両親と同居・近居し、子孫を残すこと、老親扶養と祖先祭祀が求められる一方で、娘は成人すると婚出して婚家で義理の両親と同居し、婚家のために男子後継者を出産し、義理の両親の扶養・介護と婚家の祖先祭祀をおこなうことが求められてきた（娘しかいないごく少数の家庭では、娘が跡取り娘として婿入り婚をして生家の両親と同居し、生家の後継者の出産と両親の扶養・介護、祖先祭祀をおこなうことが期待される）。

長らく一人っ子政策が実施されてきたため、それぞれの家庭で子どもの数が減少したと同時に、（息子がいない）一人娘の家庭も大量に出現した。これらの一人っ子世代が結婚して子どもを出産するときに、彼らはどのような婚姻形態で結婚し、どのような価値観に基づいて子どもを出産するのだろうか。さらに、両家の親は子世代の結婚や出産にどのような期待を抱き、どのような戦略を立てるのだろうか。とりわけ男兄弟がいない一人娘は結婚後、婚家と生家からどのような役割を期待されたのだろうか、またその役割に変化はあったのだろうか。

終章ではここまでの分析結果を整理したうえで、冒頭で述べた問いに対して結論を提示したい。

1　本書の分析結果

夫方同居の嫁入り婚

一人娘の婚姻形態に関しては、夫方親が息子夫婦に新居を提供し、結婚後は夫方同居、または夫方が提供した新居に居住するという形態をとっている事例が多い。他方、妻方親が新居を提供した事例は四十件中八件で夫方に比べると少ないが、新居の内装や新居で使う家電製品や家具類、さらに車や現金を提供することが多い。また、夫方親は新居を提供することによって、嫁入り婚の形態を維持し、その後の子孫の獲得に貢献していることもわかった。それに対して妻方親は夫方の役割に取って代わることはないが、夫方に遜色がない持参金を提供することによって、娘夫婦が出産した第二子を妻方の後継者にする戦略をとっていること、さらに妻方親の社会的・経済的な地位が高ければ高いほど、結婚前に第二子を妻方の後継者にするという口約束を交わすか、あるいは第一子出産後に妻方の姓を継承する第二子の出産を要請する可能性が高いことが明らかになった。

出産

中国の現行の法律では一人娘が出産した子どもは父方の姓と母方の姓のいずれも継承することができるが、実際には女性対象者が出産した四十人の第一子のうち、三十七人は父方（女性対象者の夫）の姓を継承している。また、十四人の第二子のうち、八人が父方の姓、六人が母方の姓を継承している。ここから、基本的には子どもは父系親族に帰属するという原則が守られていることがわかる。五十四人の子どものうち、妻方の姓を継承しているのは九人で、全体の一六・七パーセントである。この数値は全国レベルの七・七パーセントよりは高い。二〇二〇年の新生児の姓の継承状況をみてみると、母方の姓を継承する者と父方の姓を継承する者の比率は一対一二である。(1) つまり、九二・三パーセントの新生児が父方の姓を継承し、残り七・七パーセントが母方の姓を継承している。これを踏まえると本調査で母方の姓を継承している子どもの比率である一六・七パーセントは、比較的高いことが確認できる。

他方、一人娘の親は自らの家系の後継者を求めて、一人娘の結婚や出産に交渉をもちかけていることも明らかになった。ここからは妻方の後継者獲得ニーズの高まりと、それに伴った実践が見て取れる。具体的には、一人娘が結婚する前に、将来生まれてくる子どもの姓をめぐって仲人を通じて夫方と妻方の間で交渉し、第二子を妻方の後継者にするという合意を交わしたケースは四十件のうち五件あった。また事前の承諾を得ている場合も含めて、結婚後に妻方から第二子の出産を要請された十七件のうち、十三件は妻方の姓を継ぐ後継者の出産を要請されている。

このように実親から後継者の出産を要請されることは、一人娘にとっては婚家の後継者の出産（嫁役割）と生家の後継者の出産（跡取り娘役割）の双方が求められていることを意味する。これは従来の既婚女性の役割と大きく異なるものである。

一人娘の二重役割に対する反応

嫁役割と跡取り娘役割という二重の役割を要請された一人娘の女性対象者には、①両家の後継者獲得に協力して嫁役割と跡取り娘役割の双方を遂行する者、②生家の要請を拒否して嫁役割だけを遂行する者、③女性対象者自身の希望を優先して親の要請を拒否または親と協議する者、④跡取り娘役割だけを遂行する者がいることが分析を通して浮き彫りになった。

ここから、既婚女性はかつての嫁役割に加えて、跡取り娘役割も期待されるようになっていることが確認できる。ただし一人娘自身も一人娘の親も、跡取り娘役割よりは嫁役割のほうを優先していて、また社会階層によってもその期待の内容が若干異なることがわかった。つまり、社会的・経済的に地位が高い妻方親は娘に跡取り娘役割を期待する傾向にある。しかしその場合でも、一人娘とその配偶者、婚家の親の賛同を得なければ実現が難しいことも明らかになった。

子どもという存在

今日の中国都市部でも、子どもは老親扶養・介護の担い手という実用的価値、情緒的な関わりをもつ対象という情緒的価値とともに、家系の後継者という文化的価値をもっていることがわかった。親世代はこうした子どもの価値を高く評価し、子世代に第二子の出産を要請する。子世代は親世代の子ども観を内面化し、子どもの実用的価値と情緒的価値を認めるものの、家系の後継者としての文化的価値に対しては評価が分かれる。そのため、嫁役割を優先して夫方の後継者だけを出産する者、妻方の後継者の出産も許容する者がいる。また、一人娘の夫は子どもを夫方の子孫として捉える傾向にあるが、なかには妻方の後継者要請に配慮する者も一定数存在する。

他方、子どもを養育・教育するコストという観点から第二子の出産を躊躇する場合がある。その理由について一人っ子の親世代は主に身体的負担と経済的負担を挙げている。それに対して、一人っ子世代はそれ以外に子育てと仕事との両立、子育てと自身のライフスタイルとの両立の難しさを挙げている。とりわけ子どもに寄り添い、子どもを教育する母役割が大きく期待される女性対象者は第二子の出産を躊躇しているようである。

2　本書の結論

ここまでの分析結果をまとめると、一人っ子世代の誕生と一人娘家庭の大量出現は、一人娘家庭が一人娘を介して後継者を獲得するニーズを高めたといえるだろう。一人娘をもつ親が夫方と婚前協定を結ぶか、または婚後に娘夫婦に後継者の出産を要請するという事例が確認できる。この状況は、従来の夫方同居の父系継承の嫁入り婚で担保されていた子どもの帰属をめぐって、夫方と妻方との間で再調整を求めるとともに、出産する女性にも嫁役割と跡取り娘役割との調整、親世代の出産要請と本人の希望との調整を求めるものである。

以上、本書では、妻方には夫方に対して後継者をめぐる交渉の機会が生まれ、娘には親世代に対して交渉する余地が生まれていることが明らかになった。しかしながら、妻方の後継者出産要請は、あくまでも夫方の利益を優先し、夫方の後継者獲得、とりわけ男子後継者獲得を優先している。つまり、後継者獲得に関しては妻方が夫方に対して依然として劣位にあるということである。また、一人娘は婚家の後継者を出産する嫁役割を受け入れてはいるものの、生家のために後継者を出産する跡取り娘役割に関しては必ずしも引き受けるわけではない。このように一人娘自身のジェンダー規範もさることながら、夫や義親の態度、さらに地域の規範意識にも一人娘は大きく影響を受けているのである。

さらに一人っ子世代の親たちは、子どもの老親扶養・介護の担い手という実用的価値、親と情緒的に関わる対象という情緒的価値とともに、家系の後継者という文化的価値を高く評価し、そのために子どもの養育・教育から、子どもの結婚や出産、子世代の子育てに至るまで積極的に関わり、また子世代に第二子の出産さえ要請する。それに対して、家庭の唯一の子どもとして親からの愛情と物的投資を一人で享受してきた一人っ子世代は親世代がもつ子ども観におおむね賛同している。しかし、子どもに寄り添い、子どもを教育する母役割の増大によって、一人娘は子育てと仕事や自身のライフスタイルとの両立が困難になりつつある。そのため、一人娘は婚家のための後継者を出産するという嫁役割を果たすものの、生家の後継者要請に関しては必ずしも受容するわけではなく、跡取り娘として生家の後継者を出産するという役割に距離を置こうとしているのである。

最後に今後の課題を提示しておく。本書の調査対象者は学歴と年収が高い者が多いため、今後はより広い階層の対象者に向けて調査して、本書と同様の結果が得られるかどうかを検証する必要がある。それと同時に、一人っ子の親世代に対しても引き続き調査して、親世代の後継者出産要請と親世代のきょうだい構成との関連を調べる必要がある。すなわち、父系親族は異なった階層で、あるいはより広い親族関係のなかでどのようにしてそれぞれ後継者を獲得しているのかという問題を検証することが今後の課題である。また本書で取り上げた紹興市以外にも事例をより広く集めて比較分析をおこなうことで、地域で差異があるのかを検証する必要があるだろう。

注

（1）「二〇二〇年全国姓名報告」「中華人民共和国人民政府」（https://www.gov.cn/xinwen/2021-02/08/content_5585906.htm）［二〇二一年二月八日アクセス］

［謝辞］本研究はＪＳＰＳ科研費JP19K02052の助成と、明治大学社会科学研究所の個人研究（二〇一九―二一年）の助成を受けたものです。紹興市でのインタビュー調査に協力してくださった調査対象者のみなさま、インタビューのアレンジと現地案内を務めてくれた陳予茜さんとそのご両親に感謝を申し上げます。また、本書の原稿に何度も目を通して日本語チェックを丁寧にしてくださった大久保美花さんにも感謝を申し上げます。最後に、本書の出版にあたり、明治大学社会科学研究所の出版助成をいただくことができました。この場を借りて、あらためて明治大学と関係者のみなさまにお礼を申し上げます。

初出一覧

本書は、以下の論文を大幅に加筆・修正し、また再分析をおこなったものである。

序　章　書き下ろし
第1章　書き下ろし
第2章　書き下ろし
第3章　「一人っ子世代の第二子の出産をめぐる世代間の交渉——中国浙江省紹興市の事例研究から」、比較家族史学会編「比較家族史研究」第三十七号、比較家族史学会、二〇二三年
第4章　「一人っ子世代の婚資のあり方からみる双家の後継者確保戦略——中国浙江省紹興市の事例研究から」「明治大学社会科学研究所紀要」第六十巻第二号、明治大学社会科学研究所、二〇二二年
第5章　「後継者の獲得をめぐる世代間の交渉——中国の一人っ子世代の出生をめぐって」、比較家族史学会編「比較家族史研究」第三十五号、比較家族史研究学会、二〇二一年
第6章　「一人っ子世代の第二子の出産をめぐる世代間の交渉——中国浙江省紹興市の事例研究から」、比較家族史学会編「比較家族史研究」第三十七号、比較家族史学会、二〇二三年
第7章　書き下ろし
終　章　書き下ろし

［著者略歴］
施利平（シリーピン）
1970年生まれ
明治大学情報コミュニケーション学部教授
専攻は家族社会学
著書に『戦後日本の親族関係――核家族化と双系化の検証』（勁草書房）、共編著に『家族のなかの世代間関係――子育て・教育・介護・相続』（日本経済評論社）、共著に『現代中国家族の多面性』（弘文堂）など

明治大学社会科学研究所叢書
中国《ちゅうごく》の一人娘《ひとりむすめ》は出産《しゅっさん》とどう向《む》き合《あ》うのか
一人っ子政策／結婚／世代間交渉

発行――2024年2月28日　第1刷
定価――3000円＋税
著者――施利平
発行者――矢野未知生
発行所――株式会社青弓社
〒162-0801 東京都新宿区山吹町337
電話 03-3268-0381（代）
http://www.seikyusha.co.jp
印刷所――三松堂
製本所――三松堂

ISBN978-4-7872-3533-6　C0036